Italiaanse Keuken

Een Culinaire Reis naar de Smaak van Italië

Luca De Vries

Vrolijk

Gnocchi met spinazie en aardappelen ... 7

Zeevruchtengnocchi met tomaten- en olijvensaus ... 11

Groene gnocchi met roze saus ... 15

Gnocchi met griesmeel ... 18

Abruzzese broodballetjes ... 21

Pannenkoeken gevuld met ricotta ... 25

Abruzzese crêpe-timbales met champignons ... 28

Toscaanse ambachtelijke spaghetti met vleessaus ... 32

Pici met knoflook en paneermeel ... 35

pastadeeg met griesmeel ... 37

Cavatelli met Ragu ... 39

Cavatelli met inktvis en saffraan ... 41

Cavatelli met rucola en tomaten ... 45

Orecchiette met varkensragout ... 47

Orecchiette met Broccoli Rabe ... 49

Orecchiette met bloemkool en tomaten ... 52

Orecchiette met worst en kool ... 54

Orecchiette met zwaardvis ... 56

witte risotto ... 65

Gepaneerde saffraanrisotto 68

risotto met asperges 71

Risotto met rode peper 74

Risotto met tomaten en rucola 78

Risotto met rode wijn en radicchio 81

Risotto met romige bloemkool 85

Citroenrisotto 88

spinazierisotto 91

risotto met gouden pompoen 94

Venetiaanse erwtenrisotto 97

Risotto lente 100

Risotto met tomaten en fontina 104

Risotto van garnalen en selderij 107

Risotto met "zeevruchten" 112

Gebraden lamsvlees met aardappelen, knoflook en rozemarijn 115

Lamsbout met citroen, kruiden en knoflook 118

Pompoen gevuld met gekookt lamsvlees 120

Konijn met witte wijn en kruiden 122

konijn met olijven 125

Konijn, Porchetta-stijl 128

konijn met tomaat 131

Zoetzure konijnenstoofpot 133

Gebraden konijn met aardappelen ... 136

gemarineerde artisjokken ... 139

Romeinse artisjok ... 141

gekookte artisjokken ... 143

Artisjokken, Joodse stijl ... 145

Roemeense lentegroentenstoofpot ... 148

Krokante artisjokharten ... 150

gevulde artisjok ... 152

Gevulde artisjokken op Siciliaanse wijze ... 155

Asperges "in de koekenpan" ... 158

Asperges met olie en azijn ... 160

Asperges met citroenboter ... 162

Asperges met verschillende sauzen ... 164

Asperges met kappertjessaus en eieren ... 166

Asperges met Parmezaanse kaas en boter ... 168

Wraps met asperges en ham ... 170

gebakken asperges ... 172

Asperges in Zabaglione ... 174

Asperges met Taleggio en pijnboompitten ... 176

asperges timbaal ... 178

Bonen in landelijke stijl ... 180

Toscaanse bonen ... 182

bonensalade 185

bonen en kool 187

Bonen in tomaten- en saliesaus 189

kikkererwten ovenschotel 191

Bonen met bittere groenten 193

Verse bonen, Romeinse stijl 196

Verse bonen, Umbrische stijl 198

Broccoli met olie en citroen 200

Parma-stijl broccoli 202

Broccoli rabe met knoflook en peper 204

Broccoli met ham 206

Broccoli Rabe Broodhapjes 208

Broccoli rabe met spek en tomaat 210

Kleine groentekoekjes 212

gebakken bloemkool 214

bloemkoolpuree 217

gebakken bloemkool 219

Gnocchi met spinazie en aardappelen

Gnocchi met aardappelen en spinazie

Maakt 6 porties

Hoewel ze in Italië niet vaak gemaakt worden, serveer ik gnocchi soms graag bij stamppot of stamppot. Ze nemen de saus heel goed op en zijn een leuke afwisseling van aardappelpuree of polenta. Probeer deze gnocchi (zonder saus of kaas) eens als bijgerechtOssenstaart in Romeinse stijlOFFriuli-vleesstoofpot.

1½ kg gebakken aardappelen

1 zak (10 ons) gehakte spinazie

zout

2 kopjes tarwemeel, plus meer voor het vormen van de gnocchi

1 groot ei, losgeklopt

½ kopjeBoter- en saliesaus

1 kop geraspte Parmigiano-Reggiano

1. Doe de aardappelen in een grote pan met koud water om ze af te dekken. Dek de pan af en steek hem in brand. Kook tot de aardappelen gaar zijn als je er met een mes in prikt, ongeveer 20 minuten.

ontdooien. Doe de spinazie in een grote pan met een halve kop water en zout naar smaak. Dek af en kook tot de spinazie gaar is, ongeveer 2 tot 3 minuten. Giet de spinazie af en laat afkoelen. Leg de spinazie op een handdoek en knijp het vocht eruit. Snij de spinazie heel fijn.

3. Terwijl de aardappelen nog heet zijn, schillen en in stukken snijden. Pureer de aardappelen met behulp van de kleinere gaten in een voedsel- of korenmolen of met de hand met een aardappelstamper. Voeg spinazie, ei en 2 theelepels zout toe. Voeg 1½ kopjes bloem toe tot alles gemengd is. Het deeg zal taai zijn.

Vier. Schraap de aardappelen op een met bloem bestoven oppervlak. Kneed kort en voeg zoveel resterende bloem toe als nodig is om een zacht deeg te maken, net genoeg zodat de gnocchi hun vorm behouden als ze gaar zijn, maar niet zo veel dat ze zwaar worden. Het deeg moet een beetje plakkerig zijn. Breng bij twijfel een klein pannetje water aan de kook en doe er als proef een stukje deeg in. Kook tot de gnocchi naar boven komt. Als het deeg begint samen te komen, voeg dan meer bloem toe. Anders is het deeg prima.

5. Zet het deeg even opzij. Schraap het bord om eventuele resterende stopverf te verwijderen. Was en droog uw handen en bestrooi ze vervolgens met bloem. Bekleed een of twee grote bakplaten en bestrooi met bloem.

6. Snijd het deeg in 8 stukken. Houd het resterende deeg bedekt en rol een stuk tot een lang touw van ongeveer 3/4 inch dik. Snijd het touw in klompjes van 1/2 inch.

7. Om het deeg vorm te geven, houdt u een vork in één hand met de tanden naar beneden gericht. Rol met de duim van uw andere hand elk stuk deeg over de achterkant van de tanden en druk lichtjes aan om groeven aan de ene kant en een holte aan de andere kant te maken. Plaats de gnocchi op de voorbereide bakplaten. De stukken mogen elkaar niet raken. Herhaal met het resterende deeg.

8. Zet de gnocchi in de koelkast tot ze klaar zijn om te koken. (Gnocchi kunnen ook worden ingevroren. Plaats de bakplaten een uur in de vriezer of tot ze stevig zijn. Plaats de gnocchi in

een grote, stevige plastic zak. Laat ze maximaal een maand invriezen. Niet ontdooien voordat u ze gaat koken.)

9. Bereid de saus voor. Om de gnocchi te koken, breng je een grote pan water aan de kook. Voeg zout naar smaak toe. Zet het vuur laag zodat het water zachtjes kookt. Doe ongeveer de helft van de gnocchi in het water. Kook ongeveer 30 seconden nadat de gnocchi naar boven is gestegen. Haal de gnocchi met een schuimspaan uit de pan en laat de stukken goed uitlekken.

10. Zet een plat, verwarmd gerecht klaar. Giet een dun laagje hete saus in de kom. Voeg de gnocchi toe en meng voorzichtig. Kook de overige gnocchi op dezelfde manier. Giet meer saus en bestrooi met kaas. Het wordt warm geserveerd.

Zeevruchtengnocchi met tomaten- en olijvensaus

Visgnocchi met olijvensaus

Maakt 6 porties

Op Sicilië wordt aardappelgnocchi soms op smaak gebracht met tong of andere delicate vis. Ik serveer ze met een licht pikante tomatensaus, maar een boter-kruidensaus zou ook heerlijk zijn. Er is geen kaas nodig in deze pasta.

1 kilo geroosterde aardappelen

1 1/4 kop olijfolie

1 kleine ui, fijngehakt

1 teentje knoflook

300 gram heilbotfilets of andere delicate witte vis, in stukjes van 2 inch gesneden

1 1/2 kopje droge witte wijn

Zout en versgemalen zwarte peper

1 groot ei, losgeklopt

Ongeveer 2 kopjes tarwemeel

Duiken

¹1/4 kop olijfolie

1 gehakte bieslook

2 ansjovisfilets

1 eetlepel zwarte olijvenpasta

2 kopjes gevilde, gezaaide en gehakte verse tomaten of ingeblikte geïmporteerde Italiaanse tomaten, uitgelekt en gehakt

2 eetlepels gehakte verse peterselie

Zout en versgemalen zwarte peper

1. Doe de aardappelen in een pan met koud water, zodat ze onder water staan. Breng aan de kook en kook tot ze gaar zijn als je er met een mes in prikt. Giet af en laat afkoelen.

ontdooien. Fruit de ui en knoflook in een middelgrote pan in olijfolie gedurende 5 minuten op middelhoog vuur, tot de ui zacht is. Voeg de vis toe en kook gedurende 1 minuut. Voeg naar smaak wijn, zout en peper toe. Kook tot de vis gaar is en het grootste deel van de vloeistof is verdampt, ongeveer 5 minuten. Laat afkoelen en schraap de inhoud van de pan in een keukenmachine of blender. Mixen tot een gladde substantie.

3.Bedek grote pannen met aluminiumfolie of plasticfolie. Haal de aardappelen door een keukenmachine of rijstmachine in een grote kom. Voeg de vispuree en het ei toe. Voeg geleidelijk bloem en zout naar smaak toe, zodat een licht plakkerig deeg ontstaat. Kneed kort tot het glad en goed gemengd is.

Vier. Verdeel het deeg in 6 stukken. Houd het resterende deeg bedekt en rol een stuk tot een lang touw van ongeveer 3/4 inch dik. Snijd het touw in stukken van 1/2 inch lang.

5.Om het deeg vorm te geven, houdt u een vork in één hand met de tanden naar beneden gericht. Rol met de duim van uw andere hand elk stuk deeg over de achterkant van de tanden en druk lichtjes aan om groeven aan de ene kant en een holte aan de andere kant te maken. Plaats de gnocchi op de voorbereide bakplaten. De stukken mogen elkaar niet raken. Herhaal met het resterende deeg.

6. Zet de gnocchi in de koelkast tot ze klaar zijn om te koken. (Gnocchi kunnen ook worden ingevroren. Plaats de bakplaten een uur in de vriezer of tot ze stevig zijn. Plaats de gnocchi in een grote, stevige plastic zak. Laat ze maximaal 1 maand invriezen. Niet ontdooien voordat u ze gaat koken.)

7. Meng voor de saus de olie met de lente-uitjes in een grote pan. Voeg de ansjovisfilets toe en kook tot de ansjovis is opgelost, ongeveer 2 minuten. Voeg de olijvenpasta, tomaten en peterselie toe. Voeg zout en peper toe en kook tot het tomatensap iets dikker wordt, 8 tot 10 minuten. Schep de helft van de saus in een grote, warme kom en serveer.

8. Bereiding van de gnocchi: Breng een grote pan water aan de kook. Voeg zout naar smaak toe. Zet het vuur laag zodat het water zachtjes kookt. Doe ongeveer de helft van de gnocchi in het water. Kook ongeveer 30 seconden nadat de gnocchi naar boven is gestegen. Haal de gnocchi met een schuimspaan uit de pan en laat de stukken goed uitlekken. Doe de gnocchi in een kom. Kook de overige gnocchi op dezelfde manier. Voeg de resterende saus toe en meng voorzichtig. Serveer onmiddellijk.

Groene gnocchi met roze saus

Gnocchi Verdi met Rossasaus

Maakt 6 porties

Ik at deze dumplings voor het eerst in Rome, hoewel ze meer typisch zijn voor Emilia-Romagna en Toscane. Ze zijn lichter dan aardappelgnocchi en de geraspte groenten geven textuur aan het oppervlak, zodat je de gehaktballetjes niet met een vork hoeft te vormen. Probeer ze voor de verandering eens te besproeien<u>Boter- en saliesaus</u>.

3 kopjes<u>roze saus</u>

1 kilo spinazie, zonder steeltjes

1 pond snijbiet, stengels verwijderd

1 1/4 kopje water

zout

2 eetlepels ongezouten boter

1 1/4 kop fijngehakte ui

1 kilo geheel of gedeeltelijk magere ricotta

2 grote eieren

1 1/2 kopjes geraspte Parmigiano-Reggiano

1 1/4 theelepel gemalen nootmuskaat

vers gemalen zwarte peper

1½ dl tarwemeel

1. Bereid de saus voor. Meng vervolgens de twee groenten, water en zout in een grote pan naar smaak. Kook gedurende 5 minuten of tot ze zacht en papperig zijn. Giet af en laat afkoelen. Wikkel de groenten in een handdoek en druk erop om de vloeistof eruit te halen. Hak fijn.

ontdooien. Smelt de boter in een middelgrote pan op middelhoog vuur. Voeg de uien toe en kook, af en toe roerend, tot ze goudbruin zijn, ongeveer 10 minuten.

3. Klop in een grote kom de ricotta, het ei, 1 kopje Parmigiano-Reggiano, nootmuskaat en zout en peper naar smaak samen. Voeg de ui en de gehakte groenten toe en meng goed. Meng de

bloem erdoor tot alles goed gemengd is. Het deeg zal zacht zijn.

Vier. Bekleed bakplaten met bakpapier of bakpapier. Maak je handen nat met koud water. Schep er een lepel deeg uit. Vorm voorzichtig een bal van 3/4 inch. Plaats de bal op een bakplaat. Herhaal met het resterende deeg. Dek af met plasticfolie en zet in de koelkast tot het klaar is om te koken.

5.Breng minimaal 4 liter water aan de kook. Voeg zout naar smaak toe. Zet het vuur iets lager. Voeg beetje bij beetje de helft van de gnocchi toe. Wanneer het naar de oppervlakte komt, kook je nog eens 30 seconden.

6.Giet de helft van de hete saus in een warme serveerschaal. Haal de gnocchi met een schuimspaan uit de pan en laat goed uitlekken. Voeg ze toe aan de bron. Dek af en houd warm terwijl je de resterende gnocchi op dezelfde manier kookt. Giet de rest van de saus en kaas erbij. Serveer het warm.

Gnocchi met griesmeel

Gnocchi alla Romana

Voor 4 tot 6 porties

Zorg ervoor dat je het zand volledig met de vloeistof kookt. Als het niet gaar is, heeft het de neiging om tot een massa te smelten in plaats van zijn vorm te behouden tijdens het bakken. Maar zelfs als dat gebeurt, zal de smaak geweldig zijn.

2 kopjes melk

2 kopjes water

1 kop fijn griesmeel

2 theelepels zout

4 eetlepels ongezouten boter

ontdooien/3 kopje geraspte Parmigiano-Reggiano

2 eierdooiers

1. Verwarm de melk en 1 kopje water in een middelgrote pan op middelhoog vuur tot het kookt. Meng de resterende 1 kopje

water en zand. Giet het mengsel in de vloeistof. Voeg het zout toe. Kook, onder voortdurend roeren, tot het mengsel kookt. Zet het vuur laag en kook, al roerend goed, gedurende 20 minuten of tot het mengsel erg dik is.

ontdooien. Haal de pan van het vuur. Voeg 2 eetlepels boter en de helft van de kaas toe. Klop de dooiers snel los met een garde.

3.Maak een bakplaat licht nat. Giet het zand in de schaal en verdeel het met een metalen spatel tot een halve centimeter dik. Laat afkoelen, dek af en zet in de koelkast gedurende een uur of maximaal 48 uur.

Vier. Plaats een rooster in het midden van de oven. Verwarm de oven voor op 400 ° F. Vet een ovenschaal van 13 x 9 x 2 inch in.

5.Dompel een koekjes- of koekjesvormer van 1 1/2 inch in koud water. Snijd het griesmeel in plakjes en plaats de stukken op een voorbereide bakplaat, enigszins overlappend.

6.Smelt de resterende 2 eetlepels boter in een kleine pan en giet over de gnocchi. Bestrooi met de resterende kaas. Bak gedurende 20 tot 30 minuten of tot ze goudbruin en bruisend zijn. Laat 5 minuten afkoelen voordat u het serveert.

Abruzzese broodballetjes

Polpette di Pane al Sugo

Voor 6 tot 8 porties

Toen ik de wijnmakerij Orlandi Contucci Ponno in Abruzzo bezocht, genoot ik van een proeverij van hun uitstekende wijnen, waaronder witte Trebbiano d'Abruzzo en rode Montepulciano d'Abruzzo, evenals verschillende melanges. Wijnen zo goed als deze verdienen een goede maaltijd en onze lunch stelde niet teleur, vooral de eiergehaktballetjes, kaas en brood gekookt in tomatensaus. Hoewel ik ze nog niet eerder had geprobeerd, bleek uit een beetje onderzoek dat deze "vleesloze gehaktballetjes" ook populair zijn in andere regio's van Italië, zoals Calabrië en Basilicata.

De chef-kok in de kelder vertelde me dat hij de gehaktballetjes had gemaakt met mollikabrood, de binnenkant van het brood zonder korst. Ik maak het met volkorenbrood. Omdat het Italiaanse brood dat ik hier koop niet zo stevig is als het brood in Italië, geeft de korst de dumplings een extra textuur.

Als je van plan bent ze van tevoren te maken, houd de gehaktballetjes en de saus dan gescheiden tot ze klaar zijn om te serveren, zodat de gehaktballetjes niet te veel saus opnemen.

1 Italiaans of Frans brood van 12 ounce, gesneden in stukken van 1 inch (ongeveer 8 kopjes)

2 kopjes koud water

3 grote eieren

1/2 kop geraspte pecorino Romano, plus meer voor serveren

1 1/4 kop gehakte verse peterselie

1 teentje knoflook, fijngehakt

plantaardige olie om te frituren

Duiken

1 middelgrote ui, fijngehakt

1 1/2 kopje olijfolie

2 blikjes (28 ounces) gepelde Italiaanse tomaten met sap, gehakt

1 kleine gedroogde peoncino, fijngehakt of een snufje gemalen rode peper

zout

6 verse basilicumblaadjes

1. Snij of scheur het brood in kleine stukjes of maal het brood in een keukenmachine tot er grove kruimels ontstaan. Week het brood gedurende 20 minuten in water. Druk op het brood om overtollig water te verwijderen.

ontdooien. Klop in een grote kom de eieren, kaas, peterselie en knoflook met een snufje zout en peper naar smaak. Voeg het broodkruim toe en meng heel goed. Als het mengsel droog lijkt, voeg dan nog een ei toe. Goed schudden. Vorm van het mengsel balletjes ter grootte van een golfbal.

3. Giet voldoende olie tot een diepte van 1/2 inch in een grote, zware koekenpan. Verhit de olie op middelhoog vuur tot een druppel van het broodmengsel sist als het in de olie valt.

Vier. Voeg de gehaktballetjes toe aan de pan en kook ze, voorzichtig draaiend, tot ze aan alle kanten bruin zijn, ongeveer 10 minuten. Laat de balletjes uitlekken op keukenpapier.

5. Om de saus te maken, fruit je de ui in een grote pan in olijfolie op middelhoog vuur tot hij slinkt. Voeg de tomaten, peboncino en zout naar smaak toe. Kook op laag vuur gedurende 15 minuten of tot het iets dikker is.

6. Voeg de broodballetjes toe en besprenkel met de saus. Kook nog eens 15 minuten op laag vuur. Bestrooi met basilicum. Serveer met extra kaas.

Pannenkoeken gevuld met ricotta

Manicotti

Voor 6 tot 8 porties

Hoewel veel koks pastatubes gebruiken om manicotti te maken, is dit het Napolitaanse familierecept van mijn moeder, gemaakt met pannenkoeken. Kant-en-klare manicotes zijn veel lichter dan ze met pasta zouden worden gemaakt, en sommige koks vinden manicotes gemakkelijker te maken met pannenkoeken.

3 kopjes<u>Napolitaanse ragu</u>

pannenkoeken

1 kopje tarwemeel

1 kopje water

3 eieren

1 1/2 theelepel zout

Plantaardige olie

Vulling

2 kilo geheel of gedeeltelijk magere ricotta

4 ons verse mozzarella, gehakt of geraspt

1/ kopje geraspte Parmigiano-Reggiano

1 groot ei

2 eetlepels gehakte verse peterselie

versgemalen zwarte peper naar smaak

Tip van het zoutmes

1/ kopje geraspte Parmigiano-Reggiano

1. Bereid de ragu voor. Meng vervolgens de crêpe-ingrediënten in een grote kom tot een gladde massa. Dek af en zet 30 minuten of langer in de koelkast.

ontdooien. Verhit een koekenpan met anti-aanbaklaag van 15 cm of een omeletpan op middelhoog vuur. Vet de koekenpan licht in. Houd de pan met één hand vast en giet ca. ½ kopje crêpebeslag. Til de pan onmiddellijk op en draai hem zodat deze de bodem volledig bedekt met een dun laagje beslag. Giet overtollig beslag af. Kook gedurende één minuut of tot de rand van de crêpe bruin wordt en uit de pan begint te rijzen. Draai de crêpe met je vingers om en bak de andere kant lichtbruin. Kook nog eens 30 seconden of tot ze goudbruin zijn.

3. Laat de gekookte crêpe op een bord glijden. Herhaal dit, maak pannenkoeken met het resterende beslag en stapel ze op elkaar.

Vier. Om de vulling te maken, meng je alle ingrediënten in een grote kom tot ze gecombineerd zijn.

5. Verdeel een dunne laag saus in een ovenschaal van 13 x 9 x 2 inch. Giet voor het vullen van de pannenkoeken ca. ¼ kopje vulling in de lengte, aan één kant van een crêpe. Rol de crêpe in een cilinder en plaats deze op de bakplaat, met de naad naar beneden. Ga door met het vullen, rollen van de overige pannenkoeken en vouw ze. Voeg extra saus toe met een lepel. Bestrooi met kaas.

6. Plaats een rooster in het midden van de oven. Verwarm de oven voor op 350 ° F. Bak gedurende 30 tot 45 minuten of tot de saus borrelt en de manicotti is opgewarmd. Het wordt warm geserveerd.

Abruzzese crêpe-timbales met champignons

Timballo di Scrippelle

Maakt 8 porties

Een vriendin wiens grootmoeder uit Teramo in de regio Abruzzo kwam, herinnerde zich de heerlijke ovenschotel met champignons en kaas die haar grootmoeder voor de feestdagen maakte. Hier is een versie van dit gerecht die ik heb aangepast uit het boek Slow Food Editore Ricette di Osteria d'Italia. Volgens het boek zijn pannenkoeken ontstaan uit uitgebreide crêpegerechten die Franse koks in de 17e eeuw in de regio introduceerden.

2½ kopjes<u>Toscaanse tomatensaus</u>

pannenkoeken

5 grote eieren

1½ dl water

1 theelepel zout

1½ dl tarwemeel

plantaardige olie om te frituren

Vulling

1 kopje gedroogde paddenstoelen

1 kopje warm water

1 1/4 kop olijfolie

1 kilo verse witte champignons, gewassen en in dikke plakjes gesneden

1 teentje knoflook, fijngehakt

2 eetlepels verse bladpeterselie

Zout en versgemalen zwarte peper

12 ons verse mozzarella, bijgesneden en in stukken van 1 inch gesneden

1 kop geraspte Parmigiano-Reggiano

1. Bereid de tomatensaus voor. Meng de crêpe-ingrediënten in een grote kom tot een gladde massa. Dek af en zet 30 minuten of langer in de koelkast.

ontdooien. Verhit een koekenpan met anti-aanbaklaag van 15 cm of een omeletpan op middelhoog vuur. Vet de koekenpan licht in. Houd de pan met één hand vast en giet ca. ½ kopje crêpebeslag. Til de pan onmiddellijk op en draai hem zodat deze de bodem volledig bedekt met een dun laagje beslag. Giet overtollig beslag af. Kook gedurende 1 minuut of tot de rand van de crêpe bruin wordt en uit de pan begint te rijzen. Draai de crêpe met je vingers om en bak de andere kant lichtbruin. Kook nog eens 30 seconden of tot ze goudbruin zijn.

3.Laat de gekookte crêpe op een bord glijden. Herhaal het maken van de crêpe met het resterende beslag en stapel ze op elkaar.

Vier. Om de vulling te maken, laat je de gedroogde paddenstoelen 30 minuten in water weken. Verwijder de champignons en bewaar het vocht. Spoel de champignons af met koud water om het zand te verwijderen. Let vooral op de uiteinden van de stengels waar het vuil zich ophoopt. Snij de champignons in grote stukken. Zeef het champignonvocht door een papieren koffiefilter in een kom.

5.Verhit de olie in een grote pan. Voeg de champignons toe. Kook, onder regelmatig roeren, tot de champignons bruin zijn,

10 minuten. Voeg de knoflook, peterselie en zout en peper naar smaak toe. Kook tot de knoflook goudbruin is, nog 2 minuten. Voeg de gedroogde paddenstoelen en hun vloeistof toe. Kook gedurende 5 minuten of tot het grootste deel van de vloeistof is verdampt.

6. Plaats een rooster in het midden van de oven. Verwarm de oven voor op 375 ° F. Giet een dunne laag tomatensaus in een ovenschaal van 13 x 9 x 2 inch. Maak een laag crêpes en laat ze een beetje overlappen. Ga verder met een laagje champignons, mozzarella, saus en kaas. Herhaal de lagen en eindig met pannenkoeken, saus en geraspte kaas.

7. Bak gedurende 45 tot 60 minuten of tot de saus borrelt. Laat het 10 minuten rusten voordat u het serveert. Snijd in vierkanten en serveer warm.

Toscaanse ambachtelijke spaghetti met vleessaus

Pici al Ragu

Maakt 6 porties

Taaie strengen ambachtelijke pasta zijn populair in Toscane en delen van Umbrië, vaak gebakken met een vleesragu. De pasta heet pici of pinci en komt van het woord appicciata, wat 'in de hand verspreiden' betekent.

Ik heb geleerd hoe ik ze moet bereiden in Montefollonico, in een restaurant genaamd La Chiusa, waar de chef-kok naar elke tafel komt en een kleine demonstratie geeft over hoe je ze kunt bereiden. Ze zijn heel gemakkelijk te maken, hoewel tijdrovend.

3 kopjes ongebleekte bloem voor alle doeleinden, plus meer voor het vormen van het deeg

zout

1 eetlepel olijfolie

Ongeveer 1 kopje water

    6 kopjes<u>Toscaanse vleessaus</u>

1/ kopje geraspte Parmigiano-Reggiano

1. Doe de bloem en ¼ theelepel zout in een grote kom en meng. Giet olijfolie in het midden. Begin met het mixen van het mengsel terwijl je geleidelijk het water toevoegt en stop zodra het deeg begint samen te komen en een bal te vormen. Leg het deeg op een licht met bloem bestoven oppervlak en kneed het tot het glad en elastisch is, ongeveer 10 minuten.

ontdooien. Vorm het deeg tot een bal. Dek af met een omgekeerde kom en laat 30 minuten staan.

3. Bestrooi een grote bakplaat met bloem. Verdeel het deeg in vieren. Bewerk een kwart van het deeg en zorg ervoor dat de rest afgedekt blijft. Snijd kleine stukjes ter grootte van hazelnoten af.

Vier. Op een licht met bloem bestoven oppervlak, met uw handen plat, rolt u elk stuk deeg uit tot dunne strengen van ongeveer 1/8 inch dik. Leg de draden op de voorbereide bakplaat met wat ruimte ertussen. Herhaal met het resterende deeg. Laat de pasta ongeveer 1 uur onbedekt drogen.

5. Maak ondertussen de saus klaar. Kook vervolgens 4 liter water in een grote pan. Voeg zout naar smaak toe. Voeg de bieslook toe en kook tot ze al dente, zacht maar nog steeds stevig zijn. Giet af en giet de pasta en saus in een grote verwarmde kom. Bestrooi met kaas en meng opnieuw. Het wordt warm geserveerd.

Pici met knoflook en paneermeel

Pici met Briciole

Voor 4 tot 6 porties

Dit gerecht komt van La Fattoria, een gezellig restaurant aan het meer vlakbij de Etruskische stad Chiusi.

> 1 pond sterling<u>Toscaanse ambachtelijke spaghetti met vleessaus</u>, stappen 1 t/m 6

1 1/2 kopje olijfolie

4 grote teentjes knoflook

1 1/2 kop fijn, droog broodkruim

1 1/2 kopje vers geraspte Pecorino Romano

1.Bereid de pasta voor. Verhit de olie in een koekenpan die groot genoeg is om al het beslag te bevatten op middelhoog vuur. Pers de teentjes knoflook lichtjes en voeg ze toe aan de pan. Kook tot de knoflook goudbruin is, ongeveer 5 minuten. Laat het niet bruin worden. Haal de knoflook uit de pan en voeg het paneermeel toe. Kook, onder regelmatig roeren, tot de kruimels goudbruin zijn, ongeveer 5 minuten.

ontdooien. Kook ondertussen minimaal 4 liter water. Voeg de pasta en 2 eetlepels zout toe. Goed mengen. Kook op hoog vuur, onder voortdurend roeren, tot de pasta al dente is, zacht maar stevig bij de beet. Giet de pasta af.

3.Voeg de pasta samen met het paneermeel toe aan de pan en meng goed op middelhoog vuur. Bestrooi met kaas en meng opnieuw. Serveer onmiddellijk.

pastadeeg met griesmeel

Weegt ongeveer 1 kilo

Griesmeel van harde tarwe wordt gebruikt om verschillende soorten verse pasta te maken in Zuid-Italië, vooral in Puglia, Calabrië en Basilicata. Wanneer ze worden gekookt, zijn deze pasta's taai en passen ze goed bij robuuste vlees- en groentesauzen. Het deeg is erg hard. Het kan met de hand worden gekneed, hoewel het een hele oefening is. Ik gebruik liever een keukenmachine of een zware mixer om het mengsel zwaar te maken, en kneed het dan een beetje met de hand om er zeker van te zijn dat de consistentie goed is.

1 1/2 dl fijn griesmeelmeel

1 kopje bloem voor alle doeleinden, plus meer voor bakken

1 theelepel zout

Ongeveer 2/3 kopje warm water

1. Combineer de droge ingrediënten in de kom van een krachtige keukenmachine of keukenmixer. Voeg geleidelijk water toe om een stijf, niet-plakkerig deeg te maken.

ontdooien. Leg het deeg op een licht met bloem bestoven oppervlak. Kneed tot een gladde massa, ongeveer 2 minuten.

3.Dek het deeg af met een kom en laat het 30 minuten rusten. Bestuif twee grote bakplaten met bloem.

Vier. Snijd het deeg in 8 stukken. Werk stuk voor stuk en zorg ervoor dat de overige stukken afgedekt blijven met een omgekeerd bord. Rol op een licht met bloem bestoven oppervlak een stuk deeg uit tot een lang touw van ongeveer 1/2 inch dik. Vorm het deeg tot cavatelli of orrecchiette zoals beschreven in<u>Cavatelli met Ragu</u>Doktersrecept.

Cavatelli met Ragu

Cavatelli met Ragu

Voor 6 tot 8 porties

Winkels en catalogi voor het maken van pasta verkopen vaak een cavatelli-machine. Het lijkt op een oude vleesmolen. Hij houdt hem op het aanrecht, steekt een stuk pasta in het ene uiteinde, draait aan de hendel en aan het andere uiteinde komt goedgekookte cavatelli tevoorschijn. Een enkele portie van deze pasta is te kort, maar dat zou ik niet doen, tenzij ik vaak cavatelli maak.

Werk bij het vormgeven van cavatelli op een houten oppervlak of een andere ruwe textuur. Het ruwe oppervlak houdt de stukjes deeg vast, zodat je ze met het mes eruit kunt wrikken in plaats van ze eraf te schuiven zoals je zou doen op een glad, plat aanrecht.

<u>worst stoofpot</u>OF<u>Siciliaanse tomatensaus</u>

1 pond sterling<u>pastadeeg met griesmeel</u>voorbereid in stap 4

zout

1. Bereid de ragu of saus voor. Zet 2 bakplaten klaar, bestrooid met bloem.

ontdooien. Snijd het deeg in stukjes van 1/2 inch. Houd een klein mes met een stomp lemmet en een afgeronde punt vast met uw wijsvinger tegen het lemmet gedrukt. Maak elk stuk deeg plat door zachtjes te drukken en te trekken, zodat het deeg zich om de punt van het mes wikkelt en een schaal vormt.

3. Verdeel de stukken over de voorbereide bakplaten. Herhaal met het resterende deeg. (Als u de cavatelli een uur niet gebruikt, plaatst u de pannen in de vriezer. Zodra de stukken stevig zijn, plaatst u ze in een plastic zak en sluit u ze goed af. Niet ontdooien voordat u ze gaat koken.)

Vier. Om te koken, breng je vier liter koud water op hoog vuur aan de kook. Voeg de cavatelli en 2 eetlepels zout toe. Kook, af en toe roerend, tot het deeg zacht maar nog steeds een beetje taai is.

5. Giet de cavatelli af en doe deze in een kom om warm te serveren. Meng met de saus. Serveer het warm.

Cavatelli met inktvis en saffraan

Cavatelli met Sugo di Calamari

Maakt 6 porties

De licht taaie textuur van de inktvis vormt een aanvulling op de taaiheid van de cavatelli in dit moderne Siciliaanse recept. De saus krijgt een zachte, fluweelzachte textuur door het mengsel van bloem en olijfolie en een mooie gele kleur door de saffraan.

1 theelepel saffraandraadjes

2 eetlepels warm water

1 middelgrote ui, fijngehakt

2 teentjes knoflook, heel fijn gesneden

5 eetlepels olijfolie

1 pond puurinktvis(inktvis), in ringen van 1/2 inch gesneden

1 1/2 kopje droge witte wijn

Zout en versgemalen zwarte peper

1 lepel bloem

1 kilo verse of bevroren cavatelli

1 1/4 kop gehakte verse peterselie

Extra vergine olijfolie

1.Plet de saffraan in heet water en zet opzij.

ontdooien. In een koekenpan die groot genoeg is voor alle pasta, kook je de ui en knoflook in 4 eetlepels olie op middelhoog vuur tot de ui lichtbruin is, ongeveer 10 minuten. Voeg de inktvis toe en kook al roerend tot de inktvis ondoorzichtig is, ongeveer 2 minuten. Voeg wijn en zout en peper naar smaak toe. Breng aan de kook en kook gedurende 1 minuut.

3.Meng de resterende eetlepel olie en bloem. Voeg het mengsel toe aan de inktvis. Aan de kook brengen. Voeg het saffraanmengsel toe en kook nog 5 minuten.

Vier. Kook ondertussen minimaal 4 liter water. Voeg de pasta en 2 eetlepels zout toe. Goed mengen. Kook op hoog vuur, onder voortdurend roeren, tot de pasta zacht maar licht gaar is. Giet de pasta af en bewaar een deel van het kookwater.

5. Meng de pasta in de pan met de inktvis. Voeg wat van het gereserveerde kookwater toe als het mengsel droog lijkt. Voeg de peterselie toe en meng goed. Haal van het vuur en besprenkel met een beetje extra vergine olijfolie. Serveer onmiddellijk.

Cavatelli met rucola en tomaten

Cavatelli met Rughetta en Pomodori

Voor 4 tot 6 porties

Rucola is vooral bekend als groene salade, maar in Puglia wordt hij vaak gekookt of, zoals in dit recept, op het laatste moment door hete soepen of pastagerechten gegooid om te laten verwelken. Ik hou van de pittige, nootachtige smaak die het toevoegt.

1 1/4 kop olijfolie

2 teentjes knoflook, fijngehakt

2 pond rijpe pruimtomaten, geschild, zonder zaadjes en gehakt, of 1 blik (28 ons) gepelde Italiaanse tomaten met hun sap

Zout en versgemalen zwarte peper

1 kilo verse of bevroren cavatelli

1/2 kopje geraspte ricotta of Pecorino Romano-salade

1 grote bos rucola, bijgesneden en in kleine stukjes gesneden (ongeveer 2 kopjes)

1. In een koekenpan die groot genoeg is om alle ingrediënten te bevatten, kook je de knoflook in de olie op middelhoog vuur tot hij lichtbruin is, ongeveer 2 minuten. Voeg de tomaten toe en zout en peper naar smaak. Breng de saus aan de kook en kook tot hij ingedikt is, ongeveer 20 minuten.

ontdooien. Breng minimaal 4 liter water aan de kook. Voeg de pasta en zout naar smaak toe. Goed mengen. Kook op hoog vuur, onder voortdurend roeren, tot het deeg zacht is. Giet de pasta af en bewaar een deel van het kookwater.

3. Voeg de pasta toe aan de tomatensaus met de helft van de kaas. Voeg de rucola toe en meng goed. Voeg wat van het gereserveerde kookwater toe als de pasta te droog lijkt. Bestrooi met de resterende kaas en serveer onmiddellijk.

Orecchiette met varkensragout

Orecchiette met Ragù di Maiale

Voor 6 tot 8 porties

Mijn vriendin Dora Marzovilla komt uit Rutigliano, vlakbij Bari. Ze is een pasta-expert en ik heb veel geleerd door naar haar te kijken. Dora heeft een speciaal houten pastagerecht, speciaal voor het maken van pasta. Hoewel Dora vele soorten verse pasta maakt, zoals gnocchi, cavatelli, ravioli en maloreddus, is Sardijnse gnocchi met saffraan voor het New Yorkse restaurant van haar familie, I Trulli, orecchiette haar specialiteit.

Het maken van orecchiette lijkt erg op het maken van cavatelli. Het belangrijkste verschil is dat de deegschelp een meer open koepelvorm heeft, een soort omgekeerde frisbee of, in mooie Italiaanse beelden, kleine oortjes, waar de naam vandaan komt.

- 1 recept <u>griesmeeldeeg</u>
- 3 kopjes <u>Varkensstoofpot met verse kruiden</u>
- 1 1/2 kopje vers geraspte Pecorino Romano

1. Bereid de ragù en pasta voor. Zet 2 grote bakplaten klaar, bestrooid met bloem. Snijd het deeg in stukjes van 1/2 inch. Houd een klein mes met een stomp lemmet en een afgeronde punt vast met uw wijsvinger tegen het lemmet gedrukt. Maak elk stuk deeg plat met de punt van het mes, druk en trek zachtjes zodat het deeg een schijf vormt. Rol elke schijf over het topje van je duim, waardoor een koepelvorm ontstaat.

ontdooien. Verdeel de stukken over de voorbereide bakplaten. Herhaal met het resterende deeg. (Als u de orecchiette niet binnen 1 uur gaat gebruiken, plaatst u de vormpjes in de vriezer. Als de stukjes stevig zijn, plaatst u ze in een plastic zak en sluit u ze goed af. Niet ontdooien voordat u ze gaat koken.)

3. Breng minimaal 4 liter water aan de kook. Voeg de pasta en zout naar smaak toe. Goed mengen. Kook op hoog vuur, onder voortdurend roeren, tot de pasta al dente is, zacht maar stevig bij de beet. Giet de pasta af en bewaar een deel van het kookwater.

Vier. Voeg de pasta toe aan de ragu. Voeg de kaas toe en meng goed. Voeg een beetje van het bewaarde kookwater toe als de saus te dik lijkt. Serveer onmiddellijk.

Orecchiette met Broccoli Rabe

Orecchiette met Cime di Tamboril

Voor 4 tot 6 porties

Dit is bijna het officiële gerecht van Puglia en heerlijker vind je het nergens. Het heet broccoli rabe, ook wel rapini genoemd, hoewel rapen, mosterdgroenten, boerenkool of gewone broccoli ook kunnen worden gebruikt. Broccoli rabe heeft lange stengels en bladeren en een aangenaam bittere smaak, hoewel koken de bitterheid wat verzacht en mals maakt.

1 bosje broccoli rabe (ongeveer 1½ pond), in stukken van 1 inch gesneden

zout

1/3 kopje olijfolie

4 teentjes knoflook

8 ansjovisfilets

rode peper vermalen tot poeder

1 kilo verse orecchiette of cavatelli

1. Breng een grote pan water aan de kook. Voeg broccoli rabe en zout naar smaak toe. Kook de broccoli 5 minuten en laat ze uitlekken. Het moet nog stevig zijn.

ontdooien. Droog de pan. Verhit de olijfolie met de knoflook op middelhoog vuur. Ansjovis en rode peper toevoegen. Als de knoflook goudbruin is, voeg je de broccoli rabe toe. Kook, goed roerend, om de broccoli met olie te bedekken, tot ze gaar zijn, ongeveer 5 minuten.

3. Breng minimaal 4 liter water aan de kook. Voeg de pasta en zout naar smaak toe. Goed mengen. Kook op hoog vuur, onder voortdurend roeren, tot de pasta al dente is, zacht maar stevig bij de beet. Giet de pasta af en bewaar een deel van het kookwater.

Vier. Voeg de pasta toe aan de broccoli rabe. Kook al roerend gedurende 1 minuut of tot het deeg goed gemengd is. Voeg indien nodig een beetje van het kookwater toe.

Variatie: Verwijder de ansjovis. Serveer de pasta bestrooid met gehakte geroosterde amandelen of geraspte Pecorino Romano.

Variatie: Verwijder de ansjovis. Verwijder de darmen van 2 Italiaanse worsten. Snijd het vlees en bak met knoflook, peper en broccoli. Het wordt geserveerd bestrooid met Pecorino Romano.

Orecchiette met bloemkool en tomaten

Orecchiette met Cavolfiore en Pomodori

Voor 4 tot 6 porties

Een Siciliaans familielid heeft mij geleerd hoe je deze pasta maakt, maar hij wordt ook in Puglia gegeten. Als je wilt, kun je het paneermeel vervangen door geraspte kaas.

1/3 kopje plus 2 eetlepels olijfolie

1 teentje knoflook, fijngehakt

3 pond pruimtomaten, geschild, zonder zaadjes en gehakt of 1 blik (28 ounce) geïmporteerde Italiaanse tomaten met hun sap, gehakt

1 middelgrote bloemkool, afgesneden en in roosjes gesneden

Zout en versgemalen zwarte peper

3 eetlepels droog broodkruim

2 gehakte ansjovis (optioneel)

1 kilo verse orecchiette

1. In een koekenpan die groot genoeg is om alle ingrediënten te bevatten, kook je de knoflook in ½ kopje olijfolie op middelhoog vuur tot hij goudbruin is. Voeg de tomaten toe en zout en peper naar smaak. Breng aan de kook en kook gedurende 10 minuten.

ontdooien. Voeg de bloemkool toe. Dek af en kook, af en toe roerend, tot de bloemkool heel zacht is, ongeveer 25 minuten. Pureer wat bloemkool met de achterkant van een lepel.

3. Verhit de resterende 2 eetlepels olie in een kleine koekenpan op middelhoog vuur. Voeg eventueel paneermeel en ansjovis toe. Kook al roerend tot de kruimels gebakken zijn en de olie is opgenomen.

Vier. Breng minimaal 4 liter water aan de kook. Voeg de pasta en zout naar smaak toe. Kook, onder voortdurend roeren, tot de pasta al dente is, zacht maar stevig bij de beet. Giet de pasta af en bewaar een deel van het kookwater.

5. Meng de pasta met de tomaten- en bloemkoolsaus. Voeg indien nodig een beetje van het kookwater toe. Bestrooi met paneermeel en serveer onmiddellijk.

Orecchiette met worst en kool

Orecchiette met Salsiccia en Cavolo

Maakt 6 porties

Toen mijn vriendin Domenica Marzovilla terugkwam van een reis naar Toscane, beschreef ze mij deze pasta, die ze bij een vriendin thuis had gegeten. Het zag er zo eenvoudig en lekker uit dat ik naar huis ging en het maakte.

2 eetlepels olijfolie

8 ons zoete varkensworst

8 ons hete varkensworst

2 kopjes ingeblikte geïmporteerde Italiaanse tomaten, uitgelekt en gehakt

zout

1 kg kool (ongeveer ½ middelgrote krop)

1 kilo verse orecchiette of cavatelli

1. Verhit de olie in een middelgrote pan op middelhoog vuur. Voeg de worst toe en kook tot hij aan alle kanten bruin is, ongeveer 10 minuten.

ontdooien. Voeg de tomaten en een snufje zout toe. Breng aan de kook en kook tot de saus dikker wordt, ongeveer 30 minuten.

3. Snijd de koolkern. Snijd de kool in dunne reepjes.

Vier. Breng een grote pan water aan de kook. Voeg de kool toe en kook gedurende 1 minuut nadat het water weer kookt. Schraap de kool met een schuimspaan. Droog goed. Reserveer het kookwater.

5. Leg de worstjes op een snijplank en laat de saus in de pan. Voeg kool toe aan de saus; kook 15 minuten. Snij de worst in dunne plakjes.

6. Breng het water opnieuw aan de kook en kook de pasta met zout naar smaak. Laat goed uitlekken en meng met de worstjes en de saus. Het wordt warm geserveerd.

Orecchiette met zwaardvis

zwaardvis orecchiette

Voor 4 tot 6 porties

Zwaardvis kan indien gewenst worden vervangen door tonijn of haai. Het zouten van aubergines verwijdert een deel van het bittere sap en verbetert de textuur, hoewel veel koks deze stap overbodig vinden. Ik geef altijd zout, maar de keuze is aan jou. Aubergines kunnen een paar uur vóór de pasta worden gekookt. Verwarm het gewoon opnieuw op een bakplaat in een oven van 350 ° F gedurende ongeveer 10 minuten voordat u het serveert. Deze Siciliaanse pasta is ongebruikelijk in de Italiaanse keuken omdat de saus weliswaar vis bevat, maar is afgewerkt met kaas, wat de rijkdom vergroot.

1 grote of 2 kleine aubergines (ongeveer 1 1/2 pond)

Grof zout

Maïs of andere plantaardige olie om te frituren

3 eetlepels olijfolie

1 groot teentje knoflook, fijngehakt

2 groene uien, fijngehakt

8 ons zwaardvis of andere vlezige visfilet (ongeveer 1/2 inch dik), vel verwijderd, in stukken van 1/2 inch gesneden

versgemalen zwarte peper naar smaak

2 eetlepels witte wijnazijn

2 kopjes gepelde, gezaaide en fijngehakte verse tomaten of Italiaanse tomaten uit blik, gehakt en in blokjes gesneden met hun sap

1 theelepel gehakte verse oreganoblaadjes of een snufje gedroogde oregano

1 kilo verse orecchiette of cavatelli

1/3 kop vers geraspte Pecorino Romano

1. Snijd de aubergine in blokjes van 1 inch. Doe de stukken in een vergiet op een schaal en bestrooi ze rijkelijk met zout. Laat 30 minuten tot 1 uur rusten. Was de stukjes aubergine snel. Leg de stukken op keukenpapier en wring ze uit tot ze droog zijn.

ontdooien. Verhit ongeveer 1/2 inch olie in een grote, diepe koekenpan op middelhoog vuur. Om de olie te testen, plaats je er voorzichtig een klein stukje aubergine in. Als het sist en snel kookt, voeg dan voldoende aubergine toe om een enkele laag te maken. Vul de lade niet. Kook, af en toe roerend, tot de aubergines knapperig en goudbruin zijn, ongeveer 5 minuten. Verwijder de stukken met een schuimspaan. Laat goed uitlekken op keukenpapier. Herhaal met de resterende aubergines. Heb het terzijde gelaten.

3. In een middelgrote koekenpan op middelhoog vuur fruit je de olijfolie met de knoflook en bieslook gedurende 30 seconden. Voeg de vis toe en bestrooi met zout en peper. Kook, af en toe roerend, tot de vis niet meer roze is, ongeveer 5 minuten. Voeg de azijn toe en kook gedurende 1 minuut. Voeg de tomaten en oregano toe. Breng aan de kook en kook gedurende 15 minuten, of tot het iets dikker wordt.

Vier. Breng ondertussen een grote pan koud water aan de kook. Voeg zout naar smaak toe en de pasta. Kook, af en toe roerend, tot het al dente, zacht maar stevig is. Droog goed.

5. Meng pasta, saus en aubergine in een grote, hete kom. Goed schudden. Voeg de kaas toe. Serveer het warm.

Rijst, sorghum en andere granen

Van de vele soorten granen die in heel Italië worden verbouwd en gebruikt, zijn rijst en maïsmeel de meest voorkomende. Farro, couscous en gerst zijn regionale favorieten, net als tarwekorrels.

Rijst werd voor het eerst vanuit het Midden-Oosten naar Italië gebracht. Het groeit bijzonder goed in Noord-Italië, vooral in de regio's Piemonte en Emilia-Romagna.

Italiaanse chef-koks zijn zeer specifiek over het type middelkorrelige rijst dat zij verkiezen, hoewel de verschillen tussen de variëteiten subtiel kunnen zijn. Veel koks specificeren één variant voor een risotto met zeevruchten en een andere voor een groenterisotto. De voorkeuren zijn vaak regionaal of gewoonweg traditioneel, hoewel elk ras specifieke kenmerken heeft. Carnaroli-rijst behoudt zijn vorm goed en zorgt voor een iets romigere risotto. Vialone Nano kookt sneller en heeft een mildere smaak. Arborio is de bekendste en meest verkrijgbare, maar de smaak is minder subtiel. Het is het lekkerst met risotto gemaakt met ingrediënten met een sterke smaak. Elk van deze drie varianten kan worden gebruikt voor de risottorecepten in dit boek.

Maïs is een relatief nieuwe graansoort in Italië. Pas na de Europese verkenning van de Nieuwe Wereld bereikte maïs Spanje en van daaruit verspreidde het zich over het hele continent. Maïs is gemakkelijk en goedkoop te kweken, dus werd het al snel op grote schaal aangeplant. Het grootste deel wordt verbouwd voor veevoer, maar het witte en gele maïsmeel wordt vaak gebruikt voor polenta. In Italië wordt zelden maïskolven gegeten, behalve in Napels, waar verkopers soms gebakken maïs als straatvoedsel verkopen. Roemenen voegen soms maisniblets uit blik toe aan salades, maar dit is een exotische zeldzaamheid.

Farro- en tarweachtige granen komen het meest voor in Midden- en Zuid-Italië, waar ze worden verbouwd. Farro, een oude tarwevariëteit, wordt door Italianen als een gezondheidsvoedsel beschouwd. Het is uitstekend in soepen, salades en andere gerechten.

Gerst is een oud graan dat goed groeit in de koudere noordelijke streken. De Romeinen voedden hun legers met gerst en andere granen. Het werd gekookt tot een pap of soep die bekend staat als peulvruchten, waarschijnlijk de voorloper van polenta. Tegenwoordig wordt gerst vooral gevonden in het noordoosten van Italië, vlakbij Oostenrijk, gekookt als risotto of toegevoegd aan soep.

Couscous, gemaakt van meel van durumtarwe, in kleine balletjes gerold, is typisch voor West-Sicilië en is een overblijfsel van de Arabische overheersing in de regio eeuwen geleden. Het wordt meestal bereid met zeevruchtenbouillon of rundvleesstoofpot.

RIJST

Rijst wordt verbouwd in Noord-Italië, in de regio's Piemonte en Emilia-Romagna, en is een hoofdvoedsel dat vaak als voorgerecht wordt gegeten in plaats van pasta of soep. De klassieke manier om rijst te koken is als risotto, dat is mijn idee van rijsthemel!

Als je het nog nooit eerder hebt gedaan, lijkt de risottotechniek misschien ongebruikelijk. Geen enkele andere cultuur kookt rijst zoals de Italianen, hoewel de techniek vergelijkbaar is met pilaf, waarbij de rijst wordt gebakken en vervolgens wordt gekookt, en het kookvocht wordt opgenomen. Het idee is om de rijst zo te koken dat het zetmeel vrijkomt en een romige saus ontstaat. De afgewerkte rijst moet zacht maar stevig aanvoelen, al dente. De bonen hebben de smaak van de overige ingrediënten opgenomen en zijn omgeven door een romige vloeistof. Voor het beste resultaat moet risotto onmiddellijk na het koken worden geconsumeerd, anders kan de risotto droog en papperig worden.

Risotto is het lekkerst als je hem thuis bereidt. Er zijn maar weinig restaurants die zoveel tijd kunnen besteden aan het maken van risotto, ook al is het eigenlijk niet veel. In feite koken veel restaurantkeukens rijst gedeeltelijk en bewaren deze vervolgens in de koelkast. Bij het bestellen van risotto wordt de rijst verwarmd en wordt de vloeistof toegevoegd met de nodige smaakstoffen om het koken af te ronden.

Als u de procedure eenmaal begrijpt, is het maken van risotto vrij eenvoudig en kan deze worden aangepast aan verschillende combinaties van ingrediënten. De eerste stap bij het maken van risotto is het verkrijgen van de juiste rijstsoort. Langkorrelige rijst, die veel voorkomt in de Verenigde Staten, is niet geschikt voor het maken van risotto omdat deze niet het juiste type zetmeel bevat. Halfkorrelige rijst, meestal verkocht in de varianten Arborio, Carnaroli of Vialone Nano, heeft een soort zetmeel dat vrijkomt uit het graan wanneer het wordt gekookt en gemengd met bouillon of een andere vloeistof. Het zetmeel bindt zich aan de vloeistof en wordt romig.

Middelkorrelige rijst geïmporteerd uit Italië is overal verkrijgbaar in supermarkten. Ze wordt ook in de VS geteeld en is nu gemakkelijk te vinden.

Daarnaast heb je een goede kip-, rundvlees-, vis- of groentesoep nodig. Zelfgemaakte bouillon heeft de voorkeur, maar ingeblikte (of ingeblikte) bouillon kan worden gebruikt. Ik vind dat in de winkel gekochte bouillon te sterk is om rechtstreeks uit de verpakking te gebruiken en ik verdun het meestal met water. Houd er rekening mee dat verpakte bouillon, tenzij u een natriumarme variant gebruikt, veel zout bevat, dus pas het toegevoegde zout dienovereenkomstig aan. Bouillonblokjes zijn erg zout en kunstmatig gearomatiseerd, dus ik gebruik ze niet.

witte risotto

witte risotto

Maakt 4 porties

Deze eenvoudige witte risotto is net zo eenvoudig en bevredigend als vanille-ijs. Serveer als aperitiefhapje of als bijgerecht bij gegrild vlees. Als je een verse truffel hebt, probeer deze dan over de afgewerkte risotto te schaven voor een luxe toets. In dit geval moet u de kaas verwijderen.

4 kopjes bouillon OF Kippensoep

4 eetlepels ongezouten boter

1 eetlepel olijfolie

1/4 kopje gehakte ui of sjalot

½ kopje middelkorrelige rijst, zoals Arborio, Carnaroli of Vialone Nano

1 1/2 kopje droge of mousserende witte wijn

Zout en versgemalen zwarte peper

1/ kopje geraspte Parmigiano-Reggiano

1. Bereid indien nodig bouillon. Breng de bouillon op middelhoog vuur aan de kook en zet het vuur lager om de bouillon warm te houden. Smelt in een grote, zware koekenpan 3 eetlepels boter met de olie op middelhoog vuur. Voeg de sjalotjes toe en kook tot ze zacht maar niet bruin zijn, ca. 5 minuten.

ontdooien. Voeg de rijst toe en roer met een houten lepel tot hij warm is, ongeveer 2 minuten. Voeg de wijn toe en kook al roerend tot het grootste deel van de vloeistof is verdampt.

3. Giet een half kopje bouillon over de rijst. Kook al roerend tot het grootste deel van de vloeistof is opgenomen. Blijf bouillon toevoegen gedurende ca. ½ kopje per keer, roer na elke toevoeging. Pas het vuur zo aan dat de vloeistof snel kookt, maar de rijst niet aan de pan blijft plakken. Voeg halverwege de kooktijd zout en peper naar smaak toe.

Vier. Gebruik slechts zoveel als nodig is, tot de rijst zacht maar stevig is en de risotto romig is. Als je denkt dat het klaar is, probeer dan wat ontbijtgranen. Als u er nog niet klaar voor bent, probeert u de test over ongeveer een minuut opnieuw.

Als de bouillon op is voordat de rijst gaar is, gebruik dan heet water. De kooktijd bedraagt 18 tot 20 minuten.

5. Haal de risottopan van het vuur. Meng met de resterende eetlepel boter en kaas tot het gesmolten en romig is. Serveer onmiddellijk.

Gepaneerde saffraanrisotto

Milanese risotto

Voor 4 tot 6 porties

Risotto op smaak gebracht met gouden saffraan is de klassieke Milanese begeleiding bij Osso Buco (zie<u>Kalfsbout Milano-stijl</u>). Het toevoegen van merg van grote runderbotten aan risotto geeft een rijke, vlezige smaak en is traditioneel, maar risotto kan ook zonder worden gemaakt.

    6 kopjes<u>Kippensoep</u>OF<u>bouillon</u>

1/2 theelepel gehakte saffraandraadjes

4 eetlepels ongezouten boter

2 eetlepels courgette (optioneel)

2 eetlepels olijfolie

1 kleine ui, fijngehakt

2 kopjes (ongeveer 1 pond) middelkorrelige rijst, zoals Arborio, Carnaroli of Vialone Nano

Zout en versgemalen zwarte peper

1/ kopje geraspte Parmigiano-Reggiano

1. Bereid indien nodig bouillon. Breng de bouillon op middelhoog vuur aan de kook en zet het vuur lager om de bouillon warm te houden. Verwijder een half kopje bouillon en doe het in een kleine kom. Voeg de saffraan toe en laat het trekken.

ontdooien. Verhit in een grote, zware pan 2 eetlepels boter, eventueel merg en olie op middelhoog vuur. Als de boter is gesmolten, voeg je de ui toe en kook je, onder regelmatig roeren, tot hij goudbruin is, ongeveer 10 minuten.

3. Voeg de rijst toe en kook, al roerend met een houten lepel, tot hij warm is, ongeveer 2 minuten. Voeg een halve kop hete bouillon toe en roer tot de vloeistof is opgenomen. Ga door met het toevoegen van een halve kop per keer en roer na elke toevoeging. Pas het vuur zo aan dat de vloeistof snel kookt, maar de rijst niet aan de pan blijft plakken. Voeg halverwege de kooktijd het saffraanmengsel en zout en peper naar smaak toe.

Vier. Gebruik slechts zoveel bouillon als nodig is, totdat de rijst zacht maar stevig is. Als je denkt dat het klaar is, probeer dan wat ontbijtgranen. Als u er nog niet klaar voor bent, probeert u de test over ongeveer een minuut opnieuw. Als de bouillon op is voordat de rijst gaar is, gebruik dan heet water. De kooktijd bedraagt 18 tot 20 minuten.

5. Haal de risottopan van het vuur en roer de resterende 2 eetlepels boter en kaas erdoor tot het gesmolten en romig is. Serveer onmiddellijk.

risotto met asperges

Risotto met asperges

Maakt 6 porties

De regio Veneto staat bekend om zijn prachtige witte asperges met lavendelpuntjes. Om de delicate kleur te verkrijgen, worden asperges tijdens de groei afgedekt gehouden, zodat ze niet worden blootgesteld aan zonlicht en geen chlorofyl vormen. Witte asperges hebben een delicate smaak en zijn zachter dan groene. Witte asperges zijn ideaal voor deze risotto, maar je kunt hem ook maken met gewone groene asperges en de smaak zal ongelooflijk zijn.

    5 kopjes [Kippensoep](#)

1 kilo verse asperges, gehakt

4 eetlepels ongezouten boter

1 kleine ui, fijngehakt

2 kopjes middelkorrelige rijst zoals Arborio, Carnaroli of Vialone Nano

¹1/2 kopje droge witte wijn

Zout en versgemalen zwarte peper

3/4 kopje geraspte Parmigiano-Reggiano

1. Bereid indien nodig bouillon. Breng de bouillon op middelhoog vuur aan de kook en zet het vuur lager om de bouillon warm te houden. Snijd de uiteinden van de asperges en zet opzij. Snijd de stengels in plakjes van 1/2 inch.

ontdooien. Smelt 3 eetlepels boter in een grote, zware pan. Voeg de uien toe en kook op middelhoog vuur, af en toe roerend, tot ze zeer zacht en goudbruin zijn, ongeveer 10 minuten.

3. Voeg de aspergesteeltjes toe. Kook, af en toe roerend, gedurende 5 minuten.

Vier. Voeg de rijst toe en kook, al roerend met een houten lepel, tot hij warm is, ongeveer 2 minuten. Voeg de wijn toe en kook, onder voortdurend roeren, tot de vloeistof verdampt. Giet een half kopje bouillon over de rijst. Kook al roerend tot het grootste deel van de vloeistof is opgenomen.

5. Blijf bouillon toevoegen gedurende ca. ½ kopje per keer, roer na elke toevoeging. Pas het vuur zo aan dat de vloeistof snel kookt, maar de rijst niet aan de pan blijft plakken. Voeg na ongeveer 10 minuten de aspergetips toe. Breng op smaak met zout en peper. Gebruik slechts zoveel als nodig is, tot de rijst zacht maar stevig is en de risotto romig is. Als je denkt dat het klaar is, probeer dan wat ontbijtgranen. Als u er nog niet klaar voor bent, probeert u de test over ongeveer een minuut opnieuw. Als de bouillon op is voordat de rijst gaar is, gebruik dan heet water. De kooktijd bedraagt 18 tot 20 minuten.

6. Haal de risottopan van het vuur. Voeg kaas en de resterende eetlepel boter toe. Ik hou van specerijen. Serveer onmiddellijk.

Risotto met rode peper

Risotto met Pepperoni Rossi

Maakt 6 porties

Op het hoogtepunt van het seizoen, als de felrode paprika's hoog in de moestuin staan, word ik geïnspireerd om ze op zoveel manieren te gebruiken. De zoete, milde smaak en prachtige kleur maken alles van tortilla's tot pasta's, soepen, salades en stoofschotels smaakvoller. Dit is geen traditioneel recept, maar het kwam bij mij op een dag toen ik op zoek was naar een nieuwe manier om rode paprika's te verwerken. Gele of oranje paprika's zouden ook goed zijn in dit recept.

    5 kopjes<u>Kippensoep</u>

3 eetlepels ongezouten boter

1 eetlepel olijfolie

1 kleine ui, fijngehakt

2 rode paprika's, zonder zaadjes en fijngehakt

2 kopjes middelkorrelige rijst zoals Arborio, Carnaroli of Vialone Nano

Zout en versgemalen zwarte peper

1/ kopje geraspte Parmigiano-Reggiano

1. Bereid indien nodig bouillon. Breng de bouillon op middelhoog vuur aan de kook en zet het vuur lager om de bouillon warm te houden. Verhit in een grote, zware pan 2 eetlepels boter en de olie op middelhoog vuur. Als de boter is gesmolten, voeg je de ui toe en kook je, onder regelmatig roeren, tot hij goudbruin is, ongeveer 10 minuten. Voeg de paprika toe en kook nog eens 10 minuten.

ontdooien. Voeg de rijst toe en roer met een houten lepel tot hij warm is, ongeveer 2 minuten. Voeg een halve kop hete bouillon toe en roer tot de vloeistof is opgenomen. Ga door met het toevoegen van een halve kop per keer en roer na elke toevoeging. Pas het vuur zo aan dat de vloeistof snel kookt, maar de rijst niet aan de pan blijft plakken. Voeg halverwege het koken zout en peper naar smaak toe.

3. Gebruik slechts zoveel als nodig is, tot de rijst zacht maar stevig is en de risotto romig is. Als je denkt dat het klaar is, probeer dan wat ontbijtgranen. Als u er nog niet klaar voor bent, probeert u de test over ongeveer een minuut opnieuw. Als de vloeistof opraakt voordat u de rijst kookt, maak dan het koken af met heet water. De kooktijd bedraagt 18 tot 20 minuten.

Vier. Haal de risottopan van het vuur. Voeg de resterende eetlepel boter en kaas toe tot het gesmolten en romig is. Ik hou van specerijen. Serveer onmiddellijk.

Risotto met tomaten en rucola

Risotto met tomaten en rucola

Maakt 6 porties

Verse tomaten, basilicum en rucola maken deze risotto tot de essentie van de zomer. Ik serveer het graag met een gekoelde witte wijn, zoals Furore de Campania van producent Matilde Cuomo.

    5 kopjes<u>Kippensoep</u>

1 grote bos rucola, gesneden en gewassen

3 eetlepels olijfolie

1 kleine ui, fijngehakt

2 kg rijpe tomaten, ontveld, zonder zaadjes en in stukjes gesneden

2 kopjes middelkorrelige rijst zoals Arborio, Carnaroli of Vialone Nano

Zout en versgemalen zwarte peper

1/ kopje geraspte Parmigiano-Reggiano

2 eetlepels gehakte verse basilicum

1 eetlepel extra vergine olijfolie

1. Bereid indien nodig bouillon. Breng de bouillon op middelhoog vuur aan de kook en zet het vuur lager om de bouillon warm te houden. Snijd de rucolablaadjes in kleine stukjes. Je moet ongeveer 2 kopjes drinken.

ontdooien. Giet de olie in een brede, zware pan. Voeg de ui toe en kook op middelhoog vuur, af en toe roerend met een houten lepel, tot de ui heel zacht en goudbruin is, ongeveer 10 minuten.

3. Voeg de tomaten toe. Kook, af en toe roerend, tot het grootste deel van het sap is verdampt, ongeveer 10 minuten.

Vier. Voeg de rijst toe en kook, al roerend met een houten lepel, tot hij warm is, ongeveer 2 minuten. Giet een half kopje bouillon over de rijst. Kook en roer tot het grootste deel van de vloeistof is opgenomen.

5. Blijf bouillon toevoegen gedurende ca. ½ kopje per keer, roer na elke toevoeging. Pas het vuur zo aan dat de vloeistof snel kookt, maar de rijst niet aan de pan blijft plakken. Halverwege

het koken op smaak brengen met peper en zout. Gebruik slechts zoveel als nodig is, tot de rijst zacht maar stevig is en de risotto romig is. Als je denkt dat het klaar is, probeer dan wat ontbijtgranen. Als u er nog niet klaar voor bent, probeert u de test over ongeveer een minuut opnieuw. Als de bouillon op is voordat de rijst gaar is, gebruik dan heet water. De kooktijd bedraagt 18 tot 20 minuten.

6. Haal de risottopan van het vuur. Voeg de kaas, basilicum en een lepel extra vergine olijfolie toe. Ik hou van specerijen. Voeg de rucola toe en serveer direct.

Risotto met rode wijn en radicchio

Risotto met radicchio

Maakt 6 porties

Radicchio, lid van de cichoreifamilie, wordt geteeld in Veneto. Net als andijvie, waaraan het verwant is, heeft witlof een licht bittere maar zoete smack. Hoewel we het vooral zien als een kleurrijke toevoeging aan een kom salade, koken Italianen vaak radicchio. Het kan in plakjes worden gesneden en gegrild, of de bladeren kunnen tot een vulling worden gerold en als voorgerecht worden gebakken. De levendige kleur van Bourgondië wordt tijdens het koken donker mahoniebruin. Deze risotto at ik bij Il Cenacolo, een restaurant in Verona dat traditionele recepten serveert.

    5 kopjes<u>Kippensoep</u>OF<u>bouillon</u>

1 middelgrote radicchio (ongeveer 12 ons)

2 eetlepels olijfolie

2 eetlepels ongezouten boter

1 kleine ui, fijngehakt

¹1/2 kopje droge rode wijn

2 kopjes middelkorrelige rijst zoals Arborio, Carnaroli of Vialone Nano

Zout en versgemalen zwarte peper

1/ kopje geraspte Parmigiano-Reggiano

1. Bereid indien nodig bouillon. Breng de bouillon op middelhoog vuur aan de kook en zet het vuur lager om de bouillon warm te houden. Maak de radicchio schoon en snij in plakjes van een halve centimeter dik. Snijd de plakjes in stukjes van 1 inch.

ontdooien. Verhit de olie in een grote, zware koekenpan met 1 eetlepel boter op middelhoog vuur. Als de boter is gesmolten, voeg je de ui toe en bak je, onder af en toe roeren, tot de ui heel zacht is, ongeveer 10 minuten.

3. Verhoog het vuur tot medium, voeg de radicchio toe en kook tot ze gaar zijn, ongeveer 10 minuten.

Vier. Voeg de rijst toe. Voeg de wijn toe en kook al roerend tot het grootste deel van de vloeistof is opgenomen. Giet een half kopje bouillon over de rijst. Kook en roer tot het grootste deel van de vloeistof is opgenomen.

5. Blijf bouillon toevoegen gedurende ca. ½ kopje per keer, roer na elke toevoeging. Pas het vuur zo aan dat de vloeistof snel kookt, maar de rijst niet aan de pan blijft plakken. Halverwege het koken op smaak brengen met peper en zout. Gebruik slechts zoveel als nodig is, tot de rijst zacht maar stevig is en de risotto romig is. Als je denkt dat het klaar is, probeer dan wat ontbijtgranen. Als u er nog niet klaar voor bent, probeert u de test over ongeveer een minuut opnieuw. Als de bouillon op is voordat de rijst gaar is, gebruik dan heet water. De kooktijd bedraagt 18 tot 20 minuten.

6. Haal de pan van het vuur en voeg de resterende eetlepel boter en kaas toe. Ik hou van specerijen. Serveer onmiddellijk.

Risotto met romige bloemkool

Cavolfiore-risotto

Maakt 6 porties

In Parma heb je misschien geen voor- of hoofdgerecht, maar je zult nooit zonder risotto of pasta zitten; ze zijn altijd ongelooflijk goed. Dit is mijn versie van een risotto die ik een paar jaar geleden at bij La Filoma, een uitstekende trattoria.

De eerste keer dat ik deze risotto maakte, had ik een tube witte truffelpasta bij de hand en voegde er aan het einde van het koken wat aan toe. De smaak was sensationeel. Probeer het eens als je truffelpasta kunt vinden.

    4 kopjes<u>Kippensoep</u>

4 kopjes bloemkool, in roosjes van 1/2 inch gesneden

1 teentje knoflook, fijngehakt

1½ dl melk

zout

4 eetlepels ongezouten boter

¹1/4 kop fijngehakte ui

2 kopjes middelkorrelige rijst zoals Arborio, Carnaroli of Vialone Nano

vers gemalen zwarte peper

3/4 kopje geraspte Parmigiano-Reggiano

1. Bereid indien nodig bouillon. Breng de bouillon op middelhoog vuur aan de kook en zet het vuur lager om de bouillon warm te houden. Meng in een middelgrote pan de bloemkool, knoflook, melk en een snufje zout. Aan de kook brengen. Kook tot het grootste deel van de vloeistof is verdampt en de bloemkool gaar is, ongeveer 10 minuten. Houd het vuur heel laag en roer het mengsel af en toe, zodat het niet verbrandt.

ontdooien. Verhit de olie in een grote, zware koekenpan met 2 eetlepels boter op middelhoog vuur. Als de boter is gesmolten, voeg je de ui toe en bak je, onder af en toe roeren, tot de ui heel zacht en goudbruin is, ongeveer 10 minuten.

3. Voeg de rijst toe en kook, al roerend met een houten lepel, tot hij warm is, ongeveer 2 minuten. Giet ongeveer 1/2 kopje

bouillon erbij. Kook en roer tot het grootste deel van de vloeistof is opgenomen.

Vier. Blijf bouillon ½ kopje per keer toevoegen, onder voortdurend roeren, tot het is opgenomen. Pas het vuur zo aan dat de vloeistof snel kookt, maar de rijst niet aan de pan blijft plakken. Halverwege het koken op smaak brengen met peper en zout.

5.Als de rijst bijna klaar is, voeg je het bloemkoolmengsel toe. Gebruik slechts zoveel als nodig is, tot de rijst zacht maar stevig is en de risotto romig is. Als je denkt dat het klaar is, probeer dan wat ontbijtgranen. Als u er nog niet klaar voor bent, probeert u de test over ongeveer een minuut opnieuw. Als de bouillon op is voordat de rijst gaar is, gebruik dan heet water. De kooktijd bedraagt 18 tot 20 minuten.

6.Haal de pan van het vuur en breng op smaak met de kruiden. Voeg de resterende 2 eetlepels boter en kaas toe. Serveer onmiddellijk.

Citroenrisotto

Risotto Met Citroen

Maakt 6 porties

De levendige smaak van verse citroenschil en sap verheldert deze risotto die we in Capri aten. Hoewel Italianen het niet zo vaak maken, serveer ik het graag als bijgerecht bij gebakken sint-jakobsschelpen of gegrilde vis.

   5 kopjes<u>Kippensoep</u>

4 eetlepels ongezouten boter

1 kleine ui, fijngehakt

2 kopjes middelkorrelige rijst zoals Arborio, Carnaroli of Vialone Nano

Zout en versgemalen zwarte peper

1 eetlepel vers citroensap

1 theelepel citroenschil

1/ kopje geraspte Parmigiano-Reggiano

1. Bereid indien nodig bouillon. Breng de bouillon op middelhoog vuur aan de kook en zet het vuur lager om de bouillon warm te houden. Smelt 2 eetlepels boter in een grote, zware pan op middelhoog vuur. Voeg de uien toe en kook, af en toe roerend, tot ze goudbruin zijn, ongeveer 10 minuten.

ontdooien. Voeg de rijst toe en roer met een houten lepel tot hij warm is, ongeveer 2 minuten. Voeg een halve kop hete bouillon toe en roer tot de vloeistof is opgenomen.

3. Ga door met het toevoegen van een halve kop per keer en roer na elke toevoeging. Pas het vuur zo aan dat de vloeistof snel kookt, maar de rijst niet aan de pan blijft plakken. Halverwege het koken op smaak brengen met peper en zout.

Vier. Gebruik slechts zoveel als nodig is, tot de rijst zacht maar stevig is en de risotto romig is. Als je denkt dat het klaar is, probeer dan wat ontbijtgranen. Als u er nog niet klaar voor bent, probeert u de test over ongeveer een minuut opnieuw. Als de bouillon op is voordat de rijst gaar is, gebruik dan heet water. De kocktijd bedraagt 18 tot 20 minuten.

5. Haal de risottopan van het vuur. Voeg het citroensap en de schil toe, de resterende 2 eetlepels boter en kaas. Meng tot de

boter en kaas gesmolten en romig zijn. Ik hou van specerijen. Serveer onmiddellijk.

spinazierisotto

spinazierisotto

Maakt 6 porties

Als je verse basilicum hebt, vervang deze dan door de peterselie. In plaats van spinazie kunnen ook andere groenten worden gebruikt, zoals snijbiet of andijvie.

5 kopjes<u>Kippensoep</u>

1 kilo verse spinazie, gewassen en uitgelekt

$1$1/4 kopje water

zout

4 eetlepels ongezouten boter

1 middelgrote ui, fijngehakt

2 kopjes (ongeveer 1 pond) middelkorrelige rijst, zoals Arborio, Carnaroli of Vialone Nano

vers gemalen zwarte peper

1 1/4 kop gehakte verse peterselie

1/ kopje geraspte Parmigiano-Reggiano

1. Bereid indien nodig bouillon. Breng de bouillon op middelhoog vuur aan de kook en zet het vuur lager om de bouillon warm te houden. Meng in een grote pan de spinazie, het water en het zout naar smaak. Dek af en laat het koken. Kook tot de spinazie gaar is, ongeveer 3 minuten. Giet de spinazie af en knijp voorzichtig uit om het sap eruit te halen. Snij de spinazie fijn.

ontdooien. Verhit 3 eetlepels boter in een grote, zware koekenpan op middelhoog vuur. Als de boter is gesmolten, voeg je de ui toe en kook je, onder regelmatig roeren, tot hij goudbruin is, ongeveer 10 minuten.

3. Voeg de rijst toe aan de uien en kook, al roerend met een houten lepel, tot deze ongeveer 2 minuten warm is. Voeg een halve kop hete bouillon toe en roer tot de vloeistof is opgenomen. Ga door met het toevoegen van een halve kop per keer en roer na elke toevoeging. Pas het vuur zo aan dat de vloeistof snel kookt, maar de rijst niet aan de pan blijft

plakken. Voeg halverwege het koken de spinazie en zout en peper naar smaak toe.

Vier. Gebruik slechts zoveel als nodig is, tot de rijst zacht maar stevig is en de risotto romig is. Als je denkt dat het klaar is, probeer dan wat ontbijtgranen. Als u er nog niet klaar voor bent, probeert u de test over ongeveer een minuut opnieuw. Als de bouillon op is voordat de rijst gaar is, gebruik dan heet water. De kooktijd bedraagt 18 tot 20 minuten.

5.Haal de risottopan van het vuur. Voeg de resterende boter en kaas toe. Serveer onmiddellijk.

risotto met gouden pompoen

Risotto met Zucca d'Oro

Voor 4 tot 6 porties

Op Italiaanse groentemarkten kunnen koks grote stukken pompoen kopen om risotto van te maken. Pompoen komt dichter bij de zoete smaak en boterachtige textuur van Italiaanse variëteiten. Deze risotto is een specialiteit uit Mantua in Lombardije.

5 kopjes <u>Kippensoep</u>

4 eetlepels ongezouten boter

1/4 kopje gehakte ui of ui

2 kopjes pompoen, geschild en gehakt (ongeveer 1 pond)

2 kopjes middelkorrelige rijst zoals Arborio, Carnaroli of Vialone Nano

1 1/2 kopje droge witte wijn

Zout en versgemalen zwarte peper

½ kopje geraspte Parmigiano-Reggiano

1. Bereid indien nodig bouillon. Breng de bouillon op middelhoog vuur aan de kook en zet het vuur lager om de bouillon warm te houden. Smelt in een grote, zware pan drie eetlepels boter op middelhoog vuur. Voeg de sjalotten toe en kook, onder regelmatig roeren, tot ze goudbruin zijn, ongeveer 5 minuten.

ontdooien. Voeg pompoen en ½ kopje bouillon toe. Kook tot de bouillon verdampt.

3. Voeg de rijst toe en kook, al roerend met een houten lepel, tot hij warm is, ongeveer 2 minuten. Voeg de wijn toe tot deze verdampt is.

Vier. Voeg een halve kop hete bouillon toe en roer tot de vloeistof is opgenomen. Ga door met het toevoegen van een halve kop per keer en roer na elke toevoeging. Pas het vuur zo aan dat de vloeistof snel kookt, maar de rijst niet aan de pan blijft plakken. Voeg halverwege de bereiding zout en peper naar smaak toe.

5. Gebruik slechts zoveel als nodig is, tot de rijst zacht maar stevig is en de risotto romig is. Als je denkt dat het klaar is,

probeer dan wat ontbijtgranen. Als u er nog niet klaar voor bent, probeert u de test over ongeveer een minuut opnieuw. Als de bouillon op is voordat de rijst gaar is, gebruik dan heet water. De kooktijd bedraagt 18 tot 20 minuten.

6. Haal de risottopan van het vuur. Voeg de resterende boter en kaas toe. Serveer onmiddellijk.

Venetiaanse erwtenrisotto

Risi en Bisi

Maakt 6 porties

In Venetië wordt deze risotto gegeten om de komst van de lente en de eerste verse groenten van het seizoen te vieren. Venetianen houden van erg dikke risotto, dus voeg een extra eetlepel bouillon of water toe aan de afgewerkte risotto als je op zoek bent naar authenticiteit.

6 kopjes <u>Kippensoep</u>

1 middelgrote gele ui, fijngehakt

4 eetlepels olijfolie

2 kopjes middelkorrelige rijst zoals Arborio, Carnaroli of Vialone Nano

Zout en versgemalen zwarte peper

2 kopjes gepelde erwten of bevroren erwten, gedeeltelijk ontdooid

2 eetlepels fijngehakte platte peterselie

1/ kopje geraspte Parmigiano-Reggiano

2 eetlepels ongezouten boter

1. Bereid indien nodig bouillon. Breng de bouillon op middelhoog vuur aan de kook en zet het vuur lager om de bouillon warm te houden. Giet de olie in een brede, zware pan. Voeg de ui toe en kook op middelhoog vuur tot de ui zacht en goudbruin is, ongeveer 10 minuten.

ontdooien. Voeg de rijst toe en kook, al roerend met een houten lepel, tot hij warm is, ongeveer 2 minuten. Voeg ca. ½ kopje hete bouillon en roer tot het is opgenomen. Ga door met het toevoegen van een halve kop per keer en roer na elke toevoeging. Pas het vuur zo aan dat de vloeistof snel kookt, maar de rijst niet aan de pan blijft plakken. Voeg halverwege de bereiding zout en peper naar smaak toe.

3. Voeg de erwten en peterselie toe. Blijf vloeistof toevoegen en mixen. De rijst moet zacht maar stevig zijn en de risotto moet een lichte, enigszins dikke consistentie hebben. Gebruik heet water als de bouillon op is. De kooktijd bedraagt 18 tot 20 minuten.

Vier. Als de rijst zacht maar nog stevig is, haal je de pan van het vuur. Voeg de kaas en de boter toe en meng goed. Serveer onmiddellijk.

Risotto lente

Risotto lente

Voor 4 tot 6 porties

Kleine stukjes kleurrijke groenten sieren deze heldere en smaakvolle risotto. De groenten worden beetje bij beetje toegevoegd, zodat ze niet te gaar worden.

6 kopjes groentebouillon of water

3 eetlepels ongezouten boter

1 eetlepel olijfolie

1 middelgrote ui, fijngehakt

1 kleine wortel, gehakt

1 kleine stengel bleekselderij, gehakt

2 kopjes middelkorrelige rijst zoals Arborio, Carnaroli of Vialone Nano

1 1/2 kopje verse of bevroren erwten

1 kop gesneden champignons, welk type dan ook

6 asperges, afgesneden en in stukken van 1/2 inch gesneden

Zout en versgemalen zwarte peper

1 grote tomaat, zonder zaadjes en in blokjes gesneden

2 eetlepels fijngehakte verse peterselie

1/ kopje geraspte Parmigiano-Reggiano

1. Bereid indien nodig bouillon. Breng de bouillon op middelhoog vuur aan de kook en zet het vuur lager om de bouillon warm te houden. Meng in een grote, zware koekenpan 2 eetlepels boter en de olie op middelhoog vuur. Voeg als de boter is gesmolten de ui toe en bak deze goudbruin, ongeveer 10 minuten.

ontdooien. Voeg de wortel en de bleekselderij toe en kook 2 minuten. Roer de rijst tot hij goed bedekt is.

3. Voeg een halve kop bouillon toe en kook, onder voortdurend roeren met een houten lepel, tot de vloeistof is opgenomen. Ga door met het toevoegen van bouillon, halve kop per keer, en roer na elke toevoeging gedurende 10 minuten. Pas het vuur zo aan dat de vloeistof snel kookt, maar de rijst niet aan de pan blijft plakken.

Vier. Voeg de erwten, champignons en de helft van de asperges toe. Voeg zout en peper naar smaak toe. Blijf de bouillon toevoegen en roer nog eens 10 minuten. Voeg de overige asperges en tomaten toe. Voeg de bouillon toe en roer tot de rijst stevig maar zacht is en de risotto romig is. Als je denkt dat het klaar is, probeer dan wat ontbijtgranen. Als u er nog niet klaar voor bent, probeert u de test over ongeveer een minuut opnieuw.

5.Haal de risottopan van het vuur. Ik hou van specerijen. Voeg de peterselie en de resterende boter toe. Voeg de kaas toe. Serveer onmiddellijk.

Risotto met tomaten en fontina

Risotto met Pomodori en Fontina

Maakt 6 porties

Authentieke Valle d'Aosta fontina heeft een uitgesproken smaak die nootachtig, fruitig en aards is, in tegenstelling tot fontina die elders wordt gemaakt. Deze risotto uit Noordwest-Italië is het kennen waard. Dit gerecht past goed bij een bloemige witte wijn zoals Arneis, uit de aangrenzende regio Piemonte.

5 kopjes <u>Kippensoep</u>

3 eetlepels ongezouten boter

1 middelgrote ui, fijngehakt

1 kopje gepelde tomaten, ontpit en gehakt

2 kopjes middelkorrelige rijst zoals Arborio, Carnaroli of Vialone Nano

1 1/2 kopje droge witte wijn

Zout en versgemalen zwarte peper

4 ons Fontina Valle d'Aosta, geraspt

1/ kopje geraspte Parmigiano-Reggiano

1. Bereid indien nodig bouillon. Breng de bouillon op middelhoog vuur aan de kook en zet het vuur lager om de bouillon warm te houden. Smelt de boter in een grote, zware pan op middelhoog vuur. Voeg de ui toe en kook, af en toe roerend, tot de ui zacht en goudbruin is, ongeveer 10 minuten.

ontdooien. Voeg de tomaten toe. Kook tot het grootste deel van de vloeistof is verdampt, ongeveer 10 minuten.

3. Voeg de rijst toe en kook, al roerend met een houten lepel, tot hij warm is, ongeveer 2 minuten. Giet wijn en een half kopje bouillon over de rijst. Kook en roer tot het grootste deel van de vloeistof is opgenomen.

Vier. Blijf bouillon toevoegen gedurende ca. ½ kopje per keer, roer na elke toevoeging. Pas het vuur zo aan dat de vloeistof snel kookt, maar de rijst niet aan de pan blijft plakken. Halverwege het koken op smaak brengen met peper en zout.

5. Gebruik slechts zoveel als nodig is, tot de rijst zacht maar stevig is en de risotto romig is. Als je denkt dat het klaar is, probeer dan wat ontbijtgranen. Als u er nog niet klaar voor bent, probeert u de test over ongeveer een minuut opnieuw. Als de bouillon op is voordat de rijst gaar is, gebruik dan heet water. De bereidingstijd bedraagt 18 tot 20 minuten.

6. Haal de risottopan van het vuur. Voeg de kazen toe. Ik hou van specerijen. Serveer onmiddellijk.

Risotto van garnalen en selderij

Risotto met Gamberi en Sedano

Maakt 6 porties

Veel Italiaanse recepten worden op smaak gebracht met soffritto, een combinatie van olie of boter, of soms beide, en hartige groenten, waaronder, maar niet beperkt tot, ui, selderij, wortels, knoflook en soms kruiden. Zout varkensvlees of pancetta wordt soms aan een soffritto toegevoegd om het een vlezige smaak te geven.

Zoals de meeste Italiaanse koks die ik ken, doe ik de soffritto-ingrediënten het liefst in één keer in de pan en zet dan het vuur aan, zodat alles opwarmt en zachtjes kookt, zodat ik de resultaten beter kan controleren. Roer de soffritto regelmatig en kook soms tot de groenten zacht zijn voor een lichte smaak of bruin zijn voor meer diepte. Als u in plaats daarvan eerst de olie of boter verwarmt, kan het vet te heet worden als de pan dun is, de hitte te hoog is of als u even afgeleid bent. Wanneer de andere soffritto-smaken worden toegevoegd, worden ze daarom te snel en ongelijkmatig bruin.

De soffritto in dit Emilia-Romagna-recept wordt in twee stappen gemaakt. Begin met alleen de olie en de ui, want ik wil dat de ui zijn smaak vrijgeeft aan de olie en een beetje naar de bodem vervaagt. De tweede stap bestaat uit het koken van de bleekselderij, peterselie en knoflook, zodat de bleekselderij licht knapperig is maar wel zijn smaak vrijgeeft en met de peterselie en knoflook nog een laagje smaak creëert.

Als je garnalen met de schaal koopt, bewaar deze dan om er een smakelijke garnalenbouillon van te maken. Als je haast hebt, kun je gepelde garnalen kopen en gewoon kippen- of visbouillon gebruiken, of zelfs water.

6 zelfgemaakte glazen**Kippensoep**of visbouillon gekocht

1 kilo middelgrote garnalen

1 kleine ui, fijngehakt

2 eetlepels olijfolie

1 kopje fijngehakte selderij

2 teentjes knoflook, fijngehakt

2 eetlepels gehakte verse peterselie

2 kopjes middelkorrelige rijst zoals Arborio, Carnaroli of Vialone Nano

Zout en versgemalen zwarte peper naar smaak.

1 eetlepel ongezouten boter of extra vergine olijfolie

1. Bereid indien nodig bouillon. Maak vervolgens de garnalen schoon en verwijder ze, maar laat de schelpen eraan zitten. Snijd de garnalen in stukjes van 1/2 inch en zet opzij. Doe de schelpen in een grote pan met de bouillon. Breng aan de kook en kook gedurende 10 minuten. Zeef de bouillon en gooi het vel weg. Doe de bouillon terug in de pan en zet op een zeer laag vuur.

ontdooien. In een grote zware pan bak je de ui in olie op middelhoog vuur, onder voortdurend roeren, ongeveer 5 minuten. Voeg de selderij, knoflook en peterselie toe en kook nog 5 minuten.

3. Voeg de rijst toe aan de groenten en meng goed. Voeg ½ kopje bouillon toe en kook al roerend tot de vloeistof is opgenomen. Ga door met het toevoegen van een halve kop per keer en roer na elke toevoeging. Pas het vuur zo aan dat de vloeistof snel kookt, maar de rijst niet aan de pan blijft plakken.

Vier. Als de rijst bijna klaar is, voeg je de garnalen en zout en peper naar smaak toe. Gebruik slechts zoveel als nodig is, tot de rijst zacht maar stevig is en de risotto vochtig en romig is. Als je denkt dat het klaar is, probeer dan wat ontbijtgranen. Als u er nog niet klaar voor bent, probeert u de test over ongeveer een minuut opnieuw. Als de bouillon op is voordat de rijst gaar is, gebruik dan heet water. De bereidingstijd bedraagt 18 tot 20 minuten.

5. Haal de risotto van het vuur. Voeg de boter of olie toe en meng tot een gladde massa. Serveer onmiddellijk.

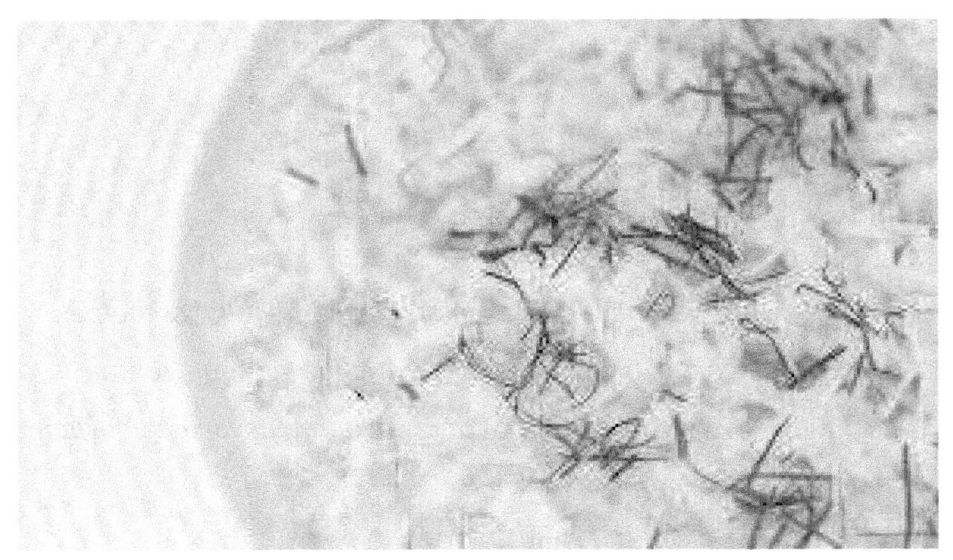

Risotto met "zeevruchten"

Risotto Met Zeevruchten

Voor 4 tot 6 porties

Aan deze risotto kunnen kleine mosselen of Sint-jakobsschelpen worden toegevoegd, maar ook stukjes stevige vis zoals tonijn. Koks in Veneto, waar dit recept vandaan komt, geven de voorkeur aan de Vialone Nano-rijstvariëteit.

6 kopjes <u>Kippensoep</u> of water

6 eetlepels olijfolie

2 eetlepels gehakte verse peterselie

2 grote teentjes knoflook, fijngehakt

1/2 pond calamares (inktvis), in ringen van 1/2 inch gesneden en de tentakels aan de onderkant gehalveerd (zie <u>Octopus schoonmaken (octopus)</u>)

1/4 pond garnalen, schoongemaakt en drooggedept en in stukken van 1/2 inch gesneden

1 Sint-jakobsschelpen van /4 pond, in stukjes van 1/2 inch gesneden

zout

rode peper vermalen tot poeder

1 middelgrote ui, fijngehakt

2 kopjes middelkorrelige rijst zoals Arborio, Carnaroli of Vialone Nano

1 1/2 kopje droge witte wijn

1 kopje gepelde tomaten, ontpit en gehakt

1. Bereid indien nodig bouillon. Doe 3 eetlepels olie met knoflook en peterselie in een brede, dikke pan. Kook op middelhoog vuur, af en toe roerend, tot de knoflook zacht en goudbruin is, ongeveer 2 minuten. Voeg alle zeevruchten, zout naar smaak en rode peper toe en kook al roerend tot de inktvis ondoorzichtig is, ongeveer 5 minuten.

ontdooien. Schep de zeevruchten met een lepel op een bord. Voeg de kippenbouillon toe aan de pan en breng aan de kook. Houd de bouillon op een zeer laag vuur tijdens het koken van de risotto.

3. In een grote, zware pan op middelhoog vuur kook je de ui in de resterende 3 eetlepels olie tot ze goudbruin is, ongeveer 10 minuten.

Vier. Voeg de rijst toe en kook, al roerend met een houten lepel, tot hij warm is, ongeveer 2 minuten. Voeg de wijn toe. Kook tot het grootste deel van de vloeistof is opgenomen. Voeg een halve kop hete bouillon toe en roer tot de vloeistof is opgenomen. Ga door met het toevoegen van een halve kop per keer en roer na elke toevoeging. Pas het vuur zo aan dat de vloeistof snel kookt, maar de rijst niet aan de pan blijft plakken. Voeg halverwege het koken de tomaten en zout naar smaak toe.

5. Gebruik slechts zoveel als nodig is, tot de rijst zacht maar stevig is en de risotto romig is. Als je denkt dat het klaar is, probeer dan wat ontbijtgranen. Als u er nog niet klaar voor bent, probeert u de test over ongeveer een minuut opnieuw. Als de bouillon op is voordat de rijst gaar is, gebruik dan heet water. De bereidingstijd bedraagt 18 tot 20 minuten.

6. Voeg de zeevruchten toe aan de pan en kook nog 1 minuut. Haal de risottopan van het vuur. Serveer onmiddellijk.

Gebraden lamsvlees met aardappelen, knoflook en rozemarijn

Agnello al Oven

Maakt 6 porties

Italianen zouden dit lamsvlees goed doorbakken serveren, maar ik vind dat het beter smaakt als het zeldzaam is, namelijk ongeveer 130 ° F op een instantthermometer. Laat het lamsvlees na het braden rusten, zodat de sappen terug in het midden van het vlees kunnen weglopen.

6 aardappelen voor alle doeleinden, geschild en in stukken van 1 inch gesneden

3 eetlepels olijfolie

Zout en versgemalen zwarte peper

1 lamsbout zonder bot, bijgesneden (ongeveer 5 1/2 pond)

6 teentjes knoflook, fijngehakt

2 eetlepels gehakte verse rozemarijn

1. Plaats een rooster in het midden van de oven. Verwarm de oven voor op 350 ° F. Plaats de aardappelen op een bakplaat

die groot genoeg is om het vlees en de aardappelen te huisvesten zonder ze te verdringen. Meng met olijfolie, zout en peper naar smaak.

ontdooien. Maak met een klein mes kleine inkepingen in het hele lamsvlees. Doe een deel van de knoflook en rozemarijn in de gaatjes en bewaar een deel voor de aardappelen. Bestrooi het vlees rijkelijk met zout en peper. Scheid de aardappelen en voeg het vlees toe, met de vetkant naar boven.

3.Plaats de bakplaat in de oven en bak gedurende 30 minuten. Draai de aardappelen. Rooster nog eens 30 tot 45 minuten, of tot de interne temperatuur 130°F aangeeft op een direct afleesbare thermometer die in het dikste deel van het vlees is gestoken, weg van het bot. Haal de pan uit de oven en leg het lamsvlees op een snijplank. Bedek het vlees met aluminiumfolie. Laat minimaal 15 minuten rusten alvorens te snijden.

Vier. Test de aardappels op gaarheid door er met een scherp mes in te prikken. Als er meer koken nodig is, verwarm de oven dan voor op 400 ° F. Plaats de pan in de oven en kook tot hij gaar is.

5. Snijd het lamsvlees in stukken en serveer warm met de aardappelen.

Lamsbout met citroen, kruiden en knoflook

staccato agnelo

Maakt 6 porties

Basilicum, munt, knoflook en citroen geven dit lamsgebraad smaak. Eenmaal in de oven is er niet veel meer te doen. Het is het perfecte gerecht voor een klein diner of een zondagsdiner. Voeg eventueel wat aardappelen, wortels, rapen of andere wortelgroenten toe aan de pot.

1 lamsbout, in dunne plakjes gesneden (ongeveer 3 kg)

2 teentjes knoflook

2 eetlepels gehakte verse basilicum

1 eetlepel gehakte verse munt

1/4 kopje vers geraspte Pecorino Romano of Parmigiano-Reggiano

1 theelepel citroenschil

1 1/2 theelepel gedroogde oregano

Zout en versgemalen zwarte peper

2 eetlepels olijfolie

1.Plaats een rooster in het midden van de oven. Verwarm de oven voor op 425 ° F.

ontdooien. Snijd de knoflook, basilicum en munt fijn. Meng het mengsel in een kleine kom met de kaas, de citroenschil en de oregano. Voeg naar smaak 1 theelepel zout en versgemalen peper toe. Maak met een klein mes sneden van ongeveer 3/4 inch diep over het hele vlees. Doe in elk gaatje een deel van het kruidenmengsel. Wrijf de olijfolie over het hele vlees. Bak gedurende 15 minuten.

3.Zet het vuur lager tot 350 ° F. Rooster nog een uur of tot het vlees medium-rare is en de interne temperatuur 130 ° F bereikt op een direct afleesbare thermometer die in het dikste deel is gestoken maar het bot niet raakt.

Vier. Haal het lamsvlees uit de oven en leg het op een snijplank. Dek het lamsvlees af met aluminiumfolie en laat het 15 minuten rusten alvorens het aan te snijden. Het wordt warm geserveerd.

Pompoen gevuld met gekookt lamsvlees

rijpe courgette

Maakt 6 porties

Eén lamsbout voedt een menigte, maar na een klein diner blijft er vaak een restje over. Daarom maak ik deze heerlijke gevulde pompoenen. Andere soorten gekookt vlees of zelfs gevogelte kunnen worden vervangen.

2 tot 3 sneetjes (½ inch dik) Italiaans brood

1 1/4 kopje melk

1 kilo gekookt lamsvlees

2 grote eieren

2 eetlepels gehakte verse peterselie

2 teentjes knoflook, fijngehakt

1/ kopje vers geraspte Pecorino Romano of Parmigiano-Reggiano

Zout en versgemalen zwarte peper

6 middelgrote courgettes, gewassen en gesneden

2 kopjes tomatensaus bijvoorbeeldmarinara-saus

1. Plaats een rooster in het midden van de oven. Verwarm de oven voor op 425 ° F. Vet een ovenschaal van 13 x 9 x 2 inch in.

ontdooien. Verwijder de korst van het brood en snijd het brood in stukjes. (Je zou ongeveer 1 kopje moeten hebben.) Doe de stukjes in een middelgrote kom, giet de melk erbij en laat ze trekken.

3. Snijd het vlees zeer fijn in een keukenmachine. Breng over naar een grote kom. Voeg eieren, peterselie, knoflook, geweekt brood, ¼ kopje kaas en zout en peper naar smaak toe. Goed schudden.

Vier. Snijd de courgette in de lengte doormidden. Schraap de zaden eruit. Vul de pompoen met het vleesmengsel. Leg de pompoenen naast elkaar op de bakplaat. Giet de saus erover en bestrooi met de overgebleven kaas.

5. Bak gedurende 35 tot 40 minuten of tot de vulling gaar is en de pompoen gaar is. Serveer warm of op kamertemperatuur.

Konijn met witte wijn en kruiden

coniglio witte wijn

Maakt 4 porties

Dit is een basisrecept voor Ligurische konijnen, dat gevarieerd kan worden door zwarte of groene olijven of andere kruiden toe te voegen. Chef-koks in deze regio bereiden konijn op verschillende manieren, bijvoorbeeld met pijnboompitten, champignons of artisjokken.

1 konijn (2½ tot 3 pond), in 8 stukken gesneden

Zout en versgemalen zwarte peper

3 eetlepels olijfolie

1 kleine ui, fijngehakt

1 1/2 kop fijngehakte wortel

1 1/2 kopje fijngehakte selderij

1 eetlepel gehakte verse rozemarijnblaadjes

1 theelepel gehakte verse tijm

1 laurierblad

1 1/2 kopje droge witte wijn

1 kopje kippensoep

1. Was de stukken konijn en droog ze af met keukenpapier. Bestrooi met zout en peper.

ontdooien. Verhit de olie in een grote koekenpan op middelhoog vuur. Voeg het konijn toe en bak het aan alle kanten lichtbruin, ongeveer 15 minuten.

3. Strooi de ui, wortel, selderij en kruiden rond de stukken konijn en kook tot de ui zacht is, ongeveer 5 minuten.

Vier. Voeg de wijn toe en breng aan de kook. Kook tot het grootste deel van de vloeistof verdampt, ongeveer 2 minuten. Voeg de bouillon toe en breng aan de kook. Zet het vuur laag. Dek de pan af en kook, waarbij u het konijn af en toe met een tang draait, tot het gaar is als u er met een vork in prikt, ongeveer 30 minuten.

5.Leg het konijn op een schaal. Dek af en houd warm. Verhoog het vuur en kook de inhoud van de pan tot deze ingedikt en ingedikt is, ongeveer 2 minuten. Gooi het laurierblad weg.

6.Giet de inhoud van de pan over het konijn en serveer onmiddellijk.

konijn met olijven

Coniglio alla Stimperata

Maakt 4 porties

Rode peper, groene olijven en kappertjes geven smaak aan dit Siciliaanse konijnengerecht. De term alla stimperata wordt op verschillende Siciliaanse recepten toegepast, hoewel de betekenis ervan onduidelijk is. Het kan afkomstig zijn van stempering, wat 'oplossen, verdunnen of mengen' betekent en verwijst naar het toevoegen van water aan de pan terwijl het konijn aan het koken is.

1 konijn (2½ tot 3 pond), in 8 stukken gesneden

1 1/4 kop olijfolie

3 teentjes knoflook, gehakt

1 kopje ontpitte groene olijven, gewassen en uitgelekt

2 rode paprika's, in dunne reepjes gesneden

1 eetlepel kappertjes, gepaneerd

een snufje oregano

Zout en versgemalen zwarte peper

2 eetlepels witte wijnazijn

1 1/2 kopje water

1.Was de stukken konijn en droog ze af met keukenpapier.

ontdooien. Verhit de olie in een grote koekenpan op middelhoog vuur. Voeg het konijn toe en bak de stukken aan alle kanten goed bruin, ongeveer 15 minuten. Leg de stukken konijn op een bord.

3.Voeg de knoflook toe aan de pan en kook 1 minuut. Voeg olijven, paprika, kappertjes en oregano toe. Kook al roerend gedurende 2 minuten.

Vier. Plaats het konijn terug in de pan. Breng op smaak met zout en peper. Voeg de azijn en het water toe en breng aan de kook. Zet het vuur laag. Dek af en kook, waarbij u het konijn af en toe omdraait, tot het gaar is als u er met een vork in prikt, ongeveer 30 minuten. Voeg een beetje water toe als de vloeistof verdampt. Breng over naar een schaal en serveer warm.

Konijn, Porchetta-stijl

Coniglio in Porchetta

Maakt 4 porties

De combinatie van kruiden die wordt gebruikt om geroosterd varkensvlees te bereiden is zo lekker dat chef-koks het hebben aangepast aan ander vlees dat gemakkelijker te bereiden is. In de regio Marche wordt wilde venkel gebruikt, maar gedroogde venkelzaadjes kunnen ook worden vervangen.

1 konijn (2½ tot 3 pond), in 8 stukken gesneden

Zout en versgemalen zwarte peper

2 eetlepels olijfolie

2 ons spek

3 teentjes knoflook, fijngehakt

2 eetlepels gehakte verse rozemarijn

1 eetlepel venkelzaad

2 of 3 salieblaadjes

1 laurierblad

1 glas droge witte wijn

1 1/2 kopje water

1. Was de stukken konijn en droog ze af met keukenpapier. Bestrooi met zout en peper.

ontdooien. Verhit de olie in een pan die groot genoeg is om de stukken konijn in één laag te plaatsen op middelhoog vuur. Schik de stukken op de bakplaat. Verdeel het spek erover. Kook tot het konijn aan één kant bruin is, ongeveer 8 minuten.

3. Draai het konijn om en strooi er knoflook, rozemarijn, venkel, salie en laurierblaadjes aan alle kanten over. Als het konijn aan de andere kant bruin is, na ca. Voeg na 7 minuten de wijn toe en roer, terwijl u de bodem van de pan schraapt. Kook de wijn gedurende 1 minuut.

Vier. Kook, onafgedekt, en draai het vlees af en toe, tot het konijn heel zacht is en van het bot valt, ongeveer 30 minuten. (Voeg een beetje water toe als de pan te droog wordt.)

5. Gooi het laurierblad weg. Leg het konijn op een schaal en serveer warm met het pan-sap.

konijn met tomaat

Coniglio alla Ciociara

Maakt 4 porties

In de regio Ciociara, aan de rand van Rome, bekend om zijn heerlijke keuken, wordt konijn gekookt in tomaten- en witte wijnsaus.

1 konijn (2½ tot 3 pond), in 8 stukken gesneden

2 eetlepels olijfolie

2 ons pancetta, in dikke plakken gesneden en gehakt

2 eetlepels gehakte verse peterselie

1 teentje knoflook, licht geplet

Zout en versgemalen zwarte peper

1 glas droge witte wijn

2 kopjes gepelde, ontpitte en gehakte tomaten

1.Was de stukken konijn en droog ze af met keukenpapier. Verhit de olie in een grote pan op middelhoog vuur. Doe het konijn in de pan en voeg de pancetta, peterselie en knoflook toe. Kook tot het konijn aan alle kanten goed bruin is, ongeveer 15 minuten. Bestrooi met zout en peper.

ontdooien. Haal de knoflook uit de pan en gooi deze weg. Voeg de wijn toe en kook gedurende 1 minuut.

3.Zet het vuur laag. Voeg de tomaten toe en kook tot het konijn gaar is en van het bot valt, ongeveer 30 minuten.

Vier. Leg het konijn op een schaal en serveer warm met de saus.

Zoetzure konijnenstoofpot

Coniglio in Agrodolce

Maakt 4 porties

Sicilianen staan bekend om hun zoetheid, een erfenis van de Moorse overheersing van het eiland die minstens tweehonderd jaar heeft geduurd. De rozijnen, suiker en azijn geven dit konijn een licht zoetzure smaak.

1 konijn (2½ tot 3 pond), in 8 stukken gesneden

2 eetlepels olijfolie

2 ons dik spek, gehakt

1 middelgrote ui, fijngehakt

Zout en versgemalen zwarte peper

1 glas droge witte wijn

2 hele kruidnagels

1 laurierblad

1 kopje rundvlees- of kippenbouillon

1 lepel suiker

1 1/4 kopje witte wijnazijn

2 eetlepels rozijnen

2 eetlepels pijnboompitten

2 eetlepels gehakte verse peterselie

1. Was de stukken konijn en droog ze af met keukenpapier. Verhit de olie en pancetta in een grote koekenpan op middelhoog vuur gedurende 5 minuten. Voeg het konijn toe en kook aan één kant tot het bruin is, ongeveer 8 minuten. Draai de stukken konijn met een tang om en verdeel de ui aan alle kanten. Bestrooi met zout en peper.

ontdooien. Voeg de wijn, kruidnagel en laurierblaadjes toe. Breng de vloeistof aan de kook en kook tot het grootste deel van de wijn is verdampt, ongeveer 2 minuten. Voeg de bouillon toe en dek de pan af. Zet het vuur laag en laat sudderen tot het konijn gaar is, 30 tot 45 minuten.

3.Leg de stukken konijn op een bord. (Als er veel vloeistof over is, kook dan op hoog vuur tot het is ingekookt.) Voeg de suiker, azijn, rozijnen en pijnboompitten toe. Roer tot de suiker is opgelost, ongeveer 1 minuut.

Vier. Doe het konijn terug in de pan en kook, waarbij u de stukken in de saus draait, tot ze goed bedekt zijn, ongeveer 5 minuten. Voeg de peterselie toe en serveer warm met het panvocht.

Gebraden konijn met aardappelen

Coniglio Arrosto

Maakt 4 porties

Bij mijn vriendin Dora Marzovilla thuis begint een zondagsdiner of speciale maaltijd meestal met een assortiment knapperige, malse geroosterde groenten, zoals artisjokharten of asperges, gevolgd door dampende kommen orecchiette of zelfgemaakte cavatelli, gestoomd met een heerlijke ragu gemaakt met kleine gehaktballetjes. Dora, afkomstig uit Rutigliano in Puglia, is een geweldige kok en dit konijnengerecht, dat ze als hoofdgerecht serveert, is een van haar specialiteiten.

1 konijn (2½ tot 3 pond), in 8 stukken gesneden

1 1/4 kop olijfolie

1 middelgrote ui, fijngehakt

2 eetlepels gehakte verse peterselie

1/2 kopje droge wijn

Zout en versgemalen zwarte peper

4 middelgrote aardappelen voor alle doeleinden, geschild en in blokjes van 1 inch gesneden

1 1/2 kopje water

1 1/2 theelepel oregano

1. Was de stukken konijn en droog ze af met keukenpapier. Verhit in een grote koekenpan twee eetlepels olie op middelhoog vuur. Voeg het konijn, de ui en de peterselie toe. Kook, waarbij u de stukken af en toe omdraait, tot ze lichtbruin zijn, ongeveer 15 minuten. Voeg de wijn toe en kook nog 5 minuten. Bestrooi met zout en peper.

ontdooien. Plaats een rooster in het midden van de oven. Verwarm de oven voor op 425 ° F. Vet een pan in die groot genoeg is om alle ingrediënten in één laag te bevatten.

3. Verdeel de aardappelen in de pan en meng met de resterende 2 eetlepels olie. Voeg de inhoud van de pan toe aan de pan en plaats de stukken konijn rond de aardappelen. Voeg het water toe. Bestrooi met oregano en zout en peper. Bedek de bakplaat met aluminiumfolie. Bak gedurende 30 minuten. Dek

af en kook nog eens 20 minuten of tot de aardappelen gaar zijn.

Vier. Overbrengen naar een kom. Het wordt warm geserveerd.

gemarineerde artisjokken

gemarineerde artisjokken

Voor 6 tot 8 porties

Deze artisjokken smaken heerlijk in salades, bij gerechten of als onderdeel van diverse antipasti. Artisjokken zijn in de koelkast minimaal twee weken houdbaar.

Als je geen babyartisjokken hebt, vervang dan de middelgrote artisjokken, snijd ze in acht blokjes.

1 kopje witte wijnazijn

2 kopjes water

1 laurierblad

1 heel teentje knoflook

8 tot 12 babyartisjokken, bijgesneden en in vieren gesneden (zieVoor het bereiden van hele artisjokken)

rode peper vermalen tot poeder

zout

Extra vergine olijfolie

1.Meng in een grote pan de azijn, het water, het laurierblad en de knoflook. Breng de vloeistof aan de kook.

ontdooien. Voeg artisjokken, gemalen rode peper en zout naar smaak toe. Kook tot ze gaar zijn als je er met een mes in prikt, 7 tot 10 minuten. Haal van het vuur. Giet de inhoud van de pan door een fijnmazige zeef in een kom. Bewaar de vloeistof.

3.Verpak de artisjokken in gesteriliseerde potten. Giet kookvloeistof om af te dekken. Laat volledig afkoelen. Dek af en zet minimaal 24 uur of maximaal 2 weken in de koelkast.

Vier. Giet de artisjokken af en besprenkel ze met olijfolie.

Romeinse artisjok

Romeinse artisjok

Maakt 8 porties

Kleine boerderijen in Rome produceren in de lente en herfst veel verse artisjokken. Kleine vrachtwagens brengen ze naar hoekmarkten, waar ze rechtstreeks vanaf de achterkant van de vrachtwagen worden verkocht. Artisjokken hebben lange stengels en de bladeren zitten er nog aan, omdat de stengels, geschild, goed zijn om te eten. De Romeinen kookten artisjokken met de steel naar boven. Ze zien er erg aantrekkelijk uit als ze op een schaal worden geplaatst.

2 grote teentjes knoflook, fijngehakt

2 eetlepels gehakte verse peterselie

1 eetlepel gehakte verse munt of ½ theelepel gedroogde marjolein

Zout en versgemalen zwarte peper

1 1/4 kop olijfolie

8 middelgrote artisjokken, voorbereid om te vullen (zie Voor het bereiden van hele artisjokken)

1 1/2 kopje droge witte wijn

1. Meng in een kleine kom de knoflook, peterselie en munt of marjolein. Voeg zout en peper naar smaak toe. Voeg 1 eetlepel olie toe.

ontdooien. Verdeel de artisjokblaadjes voorzichtig en doe een deel van het knoflookmengsel in het midden. Knijp de artisjokken lichtjes uit om de vulling vast te houden en plaats ze met de steel naar boven in een pan die groot genoeg is om ze rechtop te houden. Giet de wijn rond de artisjokken. Voeg water toe tot een diepte van ¼ inch. Druppel de resterende olijfolie over de artisjokken.

3. Dek de pan af en breng de vloeistof op middelhoog vuur aan de kook. Kook gedurende 45 minuten of tot de artisjokken gaar zijn als je er met een mes in prikt. Serveer warm of op kamertemperatuur.

gekookte artisjokken

artisjok stoofpot

Maakt 8 porties

Artisjokken behoren tot de distelfamilie en groeien aan korte, bossige planten. Ze zijn op veel plaatsen in Zuid-Italië te vinden en veel mensen kweken ze in hun eigen tuin. Een artisjok is eigenlijk een ongeopende bloem. Zeer grote artisjokken groeien bovenaan de struik, terwijl kleinere artisjokken dichtbij de basis ontkiemen. Kleine artisjokken, vaak kipartisjokken genoemd, zijn ideaal om te koken. Bereid ze voor op het koken zoals je een grotere artisjok zou doen. De textuur en de zoete, boterachtige smaak zijn vooral lekker bij vis.

1 kleine ui, fijngehakt

$1 1/4$ kop olijfolie

1 teentje knoflook, fijngehakt

2 eetlepels gehakte verse peterselie

2 kg kindjeArtisjok, gesneden en in vieren gesneden

1 1/2 kopje water

Zout en versgemalen zwarte peper

1. Fruit de ui in een grote pan in olie op middelhoog vuur tot ze zacht is, ongeveer 10 minuten. Voeg de knoflook en peterselie toe.

ontdooien. Voeg de artisjokken toe aan de pan en roer goed. Voeg water en zout en peper naar smaak toe. Dek af en kook tot de artisjokken gaar zijn als je er met een mes in prikt, ongeveer 15 minuten. Serveer warm of op kamertemperatuur.

Variatie: Voeg in stap 2 3 middelgrote aardappelen toe, geschild en in blokjes van 2,5 cm gesneden, samen met de ui.

Artisjokken, Joodse stijl

Artisjokken alla Giudia

Maakt 4 porties

Joden arriveerden voor het eerst in Rome in de 1e eeuw voor Christus. Ze vestigden zich in de buurt van de rivier de Tiber en werden in 1556 door paus Paulus IV gevangengezet in een ommuurd getto. Velen waren arm en leefden van het eenvoudige en goedkope voedsel dat beschikbaar was, zoals kabeljauw, pompoenen en artisjokken. Tegen de tijd dat de gettomuren halverwege de 19e eeuw vielen, hadden de joden in Rome hun eigen kookstijl ontwikkeld, die later afweek van die van andere Romeinen. Tegenwoordig wordt Joods voedsel zoals gebakken gevulde courgettebloemen, Gnocchi met griesmeel, en deze artisjokken worden beschouwd als Romeinse klassiekers.

De Joodse wijk van Rome bestaat nog steeds en er zijn een aantal goede restaurants waar je deze stijl van keuken kunt proberen. Bij Piperno en Da Giggetto, twee favoriete trattoria's, worden deze geroosterde artisjokken warm geserveerd met veel zout. De bladeren zijn knapperig als chips. De kegel zal spetteren terwijl je kookt, dus blijf uit de buurt van het fornuis en bescherm je handen.

4 mediumsArtisjok, bereid als vulling

Olie

zout

1. Droog de artisjok. Leg een artisjok met de onderkant naar boven op een vlakke ondergrond. Druk met de palm van je hand op de artisjok om hem plat te maken en de bladeren te openen. Herhaal met de rest van de artisjokken. Draai ze om, zodat de bladpunten naar boven wijzen.

ontdooien. Verhit in een grote, diepe koekenpan of brede, zware pan ongeveer 5 cm olijfolie op middelhoog vuur tot een artisjokblad in de olie sist en snel bruin wordt. Bescherm je hand met een ovenwant, want de olie kan spatten en spatten als de artisjok nat is. Voeg de artisjok toe met de bladpunten naar beneden. Kook en druk de artisjokken met een schuimspaan in de olie, tot ze aan één kant goudbruin zijn, ongeveer 10 minuten. Draai de artisjokken voorzichtig met een tang en kook tot ze goudbruin zijn, ongeveer 10 minuten.

3. Laat uitlekken op keukenpapier. Bestrooi met zout en serveer onmiddellijk.

Roemeense lentegroentenstoofpot

Vignarola

Voor 4 tot 6 porties

Italianen zijn erg op de hoogte van de seizoenen en de komst van de eerste lentebloemen geeft aan dat de winter voorbij is en dat het warme weer snel zal terugkeren. Om dit te vieren eten de Roemenen kommen van deze verse groentestoofpot met artisjokken als hoofdgerecht.

4 ons gesneden pancetta, gehakt

1 1/4 kop olijfolie

1 middelgrote ui, gehakt

4 mediumsArtisjok, gesneden en in vieren gesneden

1 pond verse bonen, gepeld of in plaats van 1 kopje bevroren bonen of bonen

½ kopjeKippensoep

Zout en versgemalen zwarte peper

1 pond verse erwten, gepeld (ongeveer 1 kopje)

2 eetlepels gehakte verse peterselie

1. In een grote pan kook je de pancetta in olie op middelhoog vuur. Roer voortdurend, tot de pancetta bruin begint te worden, 5 minuten. Voeg de ui toe en kook tot hij goudbruin is, nog ongeveer 10 minuten.

ontdooien. Voeg artisjokken, tuinbonen, bouillon en zout en peper naar smaak toe. Verminder hitte. Dek af en kook gedurende 10 minuten, of tot de artisjokken bijna gaar zijn als je er met een mes in prikt. Voeg de erwten en peterselie toe en kook nog 5 minuten. Serveer warm of op kamertemperatuur.

Krokante artisjokharten

Artisjok Fritti

Voor 6 tot 8 porties

In de Verenigde Staten wordt de artisjok voornamelijk in Californië verbouwd, waar hij begin 20e eeuw voor het eerst werd geplant door Italiaanse immigranten. De rassen zijn anders dan die in Italië en zijn bij de pluk vaak erg rijp, waardoor ze soms taai en houtachtig zijn. Bevroren artisjokharten kunnen erg lekker zijn en veel tijd besparen. Soms gebruik ik ze voor dit recept. Gebakken artisjokharten zijn heerlijk bij lamskoteletjes of als voorgerecht.

12 kindArtisjok, bijgesneden en in vieren gesneden, of 2 pakjes bevroren artisjokharten, licht gekookt volgens de aanwijzingen op de verpakking

3 grote eieren, losgeklopt

zout

2 kopjes droog broodkruimels

frituurolie

schijfjes citroen

1.Verse of gekookte gedroogde artisjokken. Klop de eieren in een middelgrote, ondiepe kom met zout naar smaak. Verdeel het paneermeel op een stuk bakpapier.

ontdooien. Plaats een koelrek op een bakplaat. Doop de artisjokken in het eimengsel en haal ze door paneermeel. Plaats de artisjokken op de grill en laat ze minimaal 15 minuten drogen voordat u ze gaat koken.

3.Bekleed een bakplaat met keukenpapier. Giet olie tot een diepte van 2,5 cm in een grote, zware koekenpan. Verhit de olie tot een druppel van het eimengsel begint te sissen. Voeg voldoende artisjokken toe zodat ze comfortabel in de pan passen zonder dat ze zich ophopen. Kook, draai de stukken met een tang, tot ze goudbruin zijn, ongeveer 4 minuten. Laat ze uitlekken op keukenpapier en houd ze warm terwijl de overige artisjokken worden gebakken, indien nodig in batches.

Vier. Bestrooi met zout en serveer warm met partjes citroen.

gevulde artisjok

Ripieni-artisjok

Maakt 8 porties

Mijn moeder maakte artisjokken altijd zo: het is een klassiek gerecht in heel Zuid-Italië. De vulling is voldoende om de artisjokken op smaak te brengen en hun smaak te versterken. Te veel vulling maakt de artisjok drassig en zwaar, dus verhoog de hoeveelheid paneermeel niet en gebruik in ieder geval broodkruim van goede kwaliteit. Artisjokken kunnen van tevoren worden bereid en op kamertemperatuur worden geserveerd, of warm en vers worden gegeten.

8 gemiddeldArtisjok, klaar om te vullen

3/4 kopje droog broodkruimels

1 1/4 kop gehakte verse peterselie

1/4 kopje vers geraspte Pecorino Romano of Parmigiano-Reggiano

1 teentje knoflook, fijngehakt

Zout en versgemalen zwarte peper

Olie

1. Gebruik een groot koksmes om de artisjokkenstengels fijn te snijden. Meng de stengels in een grote kom met het paneermeel, de peterselie, de kaas, de knoflook en zout en peper naar smaak. Voeg een beetje olie toe en meng om de kruimels gelijkmatig te bevochtigen. Kruiden testen en aanpassen.

ontdooien. Scheid de bladeren voorzichtig. Vul het midden van de artisjok voorzichtig met het kruimelmengsel en doe ook een beetje vulling tussen de bladeren. Verpak de vulling niet.

3. Plaats de artisjokken in een pan die breed genoeg is om ze rechtop te houden. Voeg water toe tot een diepte van 3/4 inch rond de artisjokken. Besprenkel de artisjokken met 3 eetlepels olijfolie.

Vier. Bedek de pan en plaats op middelhoog vuur. Als het water kookt, zet je het vuur lager. Kook ca. 40 tot 50 minuten (afhankelijk van de grootte van de artisjokken), of totdat de onderkant van de artisjok gaar is als je er met een mes in prikt en er gemakkelijk een blad uit komt. Voeg indien nodig extra heet water toe om verbranding te voorkomen. Serveer warm of op kamertemperatuur.

Gevulde artisjokken op Siciliaanse wijze

Siciliaanse artisjok

Maakt 4 porties

Het hete, droge klimaat van Sicilië is perfect voor het kweken van artisjokken. De planten, die zilverkleurige gekartelde bladeren hebben, zijn erg mooi en veel mensen gebruiken ze als decoratieve struiken in hun moestuin. Aan het einde van het seizoen gaan de resterende artisjokken van de plant open, waardoor de volledig volwassen choker in het midden zichtbaar wordt, die paars en rietachtig is.

Dit is de Siciliaanse manier om artisjokken te vullen, die complexer is dan datgevulde artisjokDoktersrecept. Het wordt geserveerd als voorgerecht bij gegrilde vis of een stuk lamsvlees.

4 mediumsArtisjok, klaar om te vullen

1 1/2 kopje broodkruimels

4 ansjovisfilets, fijngehakt

2 eetlepels uitgelekte gehakte kappertjes

2 eetlepels geroosterde pijnboompitten

2 eetlepels gouden rozijnen

2 eetlepels gehakte verse peterselie

1 groot teentje knoflook, fijngehakt

Zout en versgemalen zwarte peper

4 eetlepels olijfolie

1 1/2 kopje droge witte wijn

Het water

1. Meng broodkruim, ansjovis, kappertjes, pijnboompitten, rozijnen, peterselie, knoflook, zout en peper in een middelgrote kom. Voeg twee eetlepels olie toe.

ontdooien. Scheid de bladeren voorzichtig. Vul de artisjokken losjes met het paneermengsel en doe tussen de bladeren ook een beetje vulling. Verpak de vulling niet.

3. Doe de artisjokken in een pot die groot genoeg is om ze rechtop te houden. Voeg water toe tot een diepte van 3/4 inch

rond de artisjokken. Besprenkel met de resterende 2 eetlepels olie. Giet de wijn rond de artisjokken.

Vier. Bedek de pan en plaats op middelhoog vuur. Als het water kookt, zet je het vuur lager. Kook gedurende 40 tot 50 minuten (afhankelijk van de grootte van de artisjokken) of tot de bodem van de artisjok gaar is als je er met een mes in prikt en er gemakkelijk een blad uit komt. Voeg indien nodig extra heet water toe om verbranding te voorkomen. Serveer warm of op kamertemperatuur.

Asperges "in de koekenpan"

Asperges in Padella

Voor 4 tot 6 porties

Deze asperges zijn snel te roosteren. Voeg indien gewenst gehakte knoflook of verse kruiden toe.

3 eetlepels olijfolie

1 kilo asperges

Zout en versgemalen zwarte peper

2 eetlepels gehakte verse peterselie

1. Snijd het onderste deel van de asperges af op de plek waar de stengel verkleurt van wit naar groen. Snij de asperges in stukken van 2 cm.

ontdooien. Verhit de olie in een grote koekenpan op middelhoog vuur. Voeg de asperges en zout en peper naar smaak toe. Kook gedurende 5 minuten, onder regelmatig roeren, of tot de asperges lichtbruin zijn.

3.Dek de pan af en kook nog 2 minuten of tot de asperges gaar zijn. Voeg de peterselie toe en serveer onmiddellijk.

Asperges met olie en azijn

asperge salade

Voor 4 tot 6 porties

Zodra in het voorjaar de eerste lokaal geteelde scheuten verschijnen, maak ik ze op deze manier en in grote hoeveelheden klaar om de eetlust te stillen die zich tijdens de lange winter heeft ontwikkeld. Gooi de asperges in de nog hete saus om de smaak te absorberen.

1 kilo asperges

zout

1 1/4 kop extra vergine olijfolie

1 tot 2 eetlepels rode wijnazijn

vers gemalen zwarte peper

1. Snijd het onderste deel van de asperges af op de plek waar de stengel verkleurt van wit naar groen. Breng ongeveer 2 centimeter water aan de kook in een grote pan. Asperges en zout naar smaak toevoegen. Kook tot de asperges lichtjes buigen wanneer ze van de steel worden gehaald, 4 tot 8 minuten. De kooktijd is afhankelijk van de dikte van de asperges. Verwijder de asperges met een tang. Laat uitlekken op keukenpapier en droog.

ontdooien. Meng in een grote, ondiepe kom de olie, azijn, een snufje zout en een flinke hoeveelheid peper. Klop met een vork tot het gecombineerd is. Voeg de asperges toe en roer voorzichtig tot ze bedekt zijn. Serveer warm of op kamertemperatuur.

Asperges met citroenboter

asperges in de kont

Voor 4 tot 6 porties

Op deze eenvoudige manier bereide asperges passen goed bij bijna alles, van eieren tot vis en vlees. Voeg gehakte verse bieslook, peterselie of basilicum toe aan de boter voor een speciaal tintje.

1 kilo asperges

zout

2 eetlepels ongezouten boter, gesmolten

1 eetlepel vers citroensap

vers gemalen zwarte peper

1. Snijd het onderste deel van de asperges af op de plek waar de stengel verkleurt van wit naar groen. Breng ongeveer 2 centimeter water aan de kook in een grote pan. Asperges en zout naar smaak toevoegen. Kook tot de asperges lichtjes buigen wanneer ze van de steel worden gehaald, 4 tot 8

minuten. De kooktijd is afhankelijk van de dikte van de asperges. Verwijder de asperges met een tang. Laat ze uitlekken op keukenpapier en droog ze.

ontdooien. Maak de pan schoon. Voeg de boter toe en kook op middelhoog vuur tot hij gesmolten is, ongeveer 1 minuut. Voeg het citroensap toe. Doe de asperges terug in de pan. Bestrooi met peper en roer voorzichtig zodat de saus bedekt is. Serveer onmiddellijk.

Asperges met verschillende sauzen

Voor 4 tot 6 porties

Gekookte asperges zijn heerlijk op kamertemperatuur geserveerd met diverse sauzen. Ze zijn ideaal voor een etentje, omdat ze van tevoren kunnen worden bereid. Het maakt niet uit hoe dik of dun ze zijn, maar probeer asperges van ongeveer dezelfde grootte te krijgen, zodat ze gelijkmatig gaar worden.

> mayonaise met olijfolie,sinaasappel mayonaise, elkGroene saus

1 kilo asperges

zout

1. Maak indien nodig saus of sauzen klaar. Snijd vervolgens de onderkant van de asperges af op de plek waar de steel verkleurt van wit naar groen.

ontdooien. Breng ongeveer 2 centimeter water aan de kook in een grote pan. Asperges en zout naar smaak toevoegen. Kook tot de asperges lichtjes buigen wanneer ze van de steel worden gehaald, 4 tot 8 minuten. De kooktijd is afhankelijk van de dikte van de asperges.

3.Verwijder de asperges met een tang. Laat ze uitlekken op keukenpapier en droog ze. Serveer asperges op kamertemperatuur met één of meerdere sauzen.

Asperges met kappertjessaus en eieren

Asperges met kappertjes en eieren

Voor 4 tot 6 porties

In Trentino-Alto Adige en Veneto zijn dikke witte asperges een lenteritueel. Ze worden gebakken en gekookt, toegevoegd aan risotto's, soepen en salades. Een eiersaus is een typische smaakmaker, zoals deze met citroensap, peterselie en kappertjes.

1 kilo asperges

zout

1 1/4 kop olijfolie

1 theelepel vers citroensap

versgemalen peper

1 gekookt ei in blokjes

2 eetlepels gehakte verse peterselie

1 eetlepel kappertjes, gewassen en uitgelekt

1. Snijd het onderste deel van de asperges af op de plek waar de stengel verkleurt van wit naar groen. Breng ongeveer 2 centimeter water aan de kook in een grote pan. Asperges en zout naar smaak toevoegen. Kook tot de asperges lichtjes buigen wanneer ze van de steel worden gehaald, 4 tot 8 minuten. De kooktijd is afhankelijk van de dikte van de asperges. Verwijder de asperges met een tang. Laat ze uitlekken op keukenpapier en droog ze.

ontdooien. Meng in een kleine kom de olijfolie, het citroensap en een snufje zout en peper. Voeg eieren, peterselie en kappertjes toe.

3. Leg de asperges op een schaal en giet de saus erover. Serveer onmiddellijk.

Asperges met Parmezaanse kaas en boter

Asperges parmigiana

Voor 4 tot 6 porties

Dit wordt ook wel asperges alla Milanese (gepaneerde asperges) genoemd, hoewel het in veel verschillende streken wordt gegeten. Als u witte asperges kunt vinden, zijn deze bijzonder geschikt voor deze behandeling.

1 kilo dikke asperges

zout

2 eetlepels ongezouten boter

vers gemalen zwarte peper

½ kopje geraspte Parmigiano-Reggiano

1. Snijd het onderste deel van de asperges af op de plek waar de stengel verkleurt van wit naar groen. Breng ongeveer 2 centimeter water aan de kook in een grote pan. Asperges en zout naar smaak toevoegen. Kook tot de asperges lichtjes buigen wanneer ze van de steel worden gehaald, 4 tot 8

minuten. De kooktijd is afhankelijk van de dikte van de asperges. Verwijder de asperges met een tang. Laat ze uitlekken op keukenpapier en droog ze.

ontdooien. Plaats een rooster in het midden van de oven. Verwarm de oven voor op 450 ° F. Vet een grote ovenvaste schaal in.

3.Leg de asperges naast elkaar op een bakplaat, enigszins overlappend. Besprenkel met boter en bestrooi met peper en kaas.

Vier. Bak gedurende 15 minuten of tot de kaas smelt en goudbruin kleurt. Serveer onmiddellijk.

Wraps met asperges en ham

Fagottini van Asparagi

Maakt 4 porties

Voor een hartiger gerecht beleg ik elke verpakking soms met plakjes Fontina Valle d'Aosta, mozzarella of een andere kaas die goed smelt.

1 kilo asperges

Zout en versgemalen zwarte peper

4 plakjes geïmporteerde Italiaanse ham

2 eetlepels boter

1/4 kopje geraspte Parmigiano-Reggiano

1. Snijd het onderste deel van de asperges af op de plek waar de stengel verkleurt van wit naar groen. Breng ongeveer 2 centimeter water aan de kook in een grote pan. Asperges en zout naar smaak toevoegen. Kook tot de asperges lichtjes buigen wanneer ze van de steel worden gehaald, 4 tot 8 minuten. De kooktijd is afhankelijk van de dikte van de

asperges. Verwijder de asperges met een tang. Laat uitlekken op keukenpapier en droog.

ontdooien. Plaats een rooster in het midden van de oven. Verwarm de oven voor op 350 ° F. Vet een grote ovenvaste schaal in.

3.Smelt de boter in een grote pan. Voeg de asperges toe en bestrooi met zout en peper. Draai de asperges voorzichtig met twee spatels in de boter, zodat ze goed bedekt zijn.

Vier. Verdeel de asperges in 4 groepen. Plaats elke krul in het midden van een plakje Serranoham. Omwikkel de asperges met de serranohamtips. Leg de pakketjes op een bakplaat. Bestrooi met parmigiano.

5.Bak de asperges gedurende 15 minuten of tot de kaas smelt en een korst vormt. Het wordt warm geserveerd.

gebakken asperges

Gebakken Asperges

Voor 4 tot 6 porties

Door het roosteren worden de asperges bruin en komt de natuurlijke zoetheid naar voren. Ze zijn perfect voor het grillen van vlees. Je kunt het gekookte vlees uit de oven halen en de asperges koken terwijl ze rusten. Gebruik voor dit recept dikke asperges.

1 kilo asperges

1 1/4 kop olijfolie

zout

1. Plaats een rooster in het midden van de oven. Verwarm de oven voor op 200 ° F. Snijd de onderkant van de asperges af op het punt waar de stengel van wit naar groen verandert.

ontdooien. Schik de asperges op een bakplaat die groot genoeg is om ze in één laag te kunnen leggen. Besprenkel met olijfolie en zout. Rol de asperges heen en weer zodat ze bedekt zijn met olie.

3.Bak gedurende 8 tot 10 minuten of tot de asperges gaar zijn.

Asperges in Zabaglione

Asperges allo Zabaione

Maakt 6 porties

Zabaglione is een luchtige eiercrème die meestal gezoet als dessert wordt geserveerd. In dit geval worden de eieren losgeklopt met ongezoete witte wijn en geserveerd met asperges. Dit is een elegant voorgerecht voor een lentemaaltijd. Het schoonmaken van de asperges is optioneel, maar zorg ervoor dat de asperges van top tot teen gaar zijn.

1½ pond asperges

2 grote eidooiers

1 1/4 kopje droge witte wijn

Tip van het zoutmes

1 eetlepel ongezouten boter

1. Snijd het onderste deel van de asperges af op de plek waar de stengel verkleurt van wit naar groen. Om asperges te schillen, begint u onder de punt en verwijdert u met een roterende

dunschiller de donkergroene schil tot aan de punt van de stengel.

ontdooien. Breng ongeveer 2 centimeter water aan de kook in een grote pan. Asperges en zout naar smaak toevoegen. Kook tot de asperges lichtjes buigen wanneer ze van de steel worden gehaald, 4 tot 8 minuten. De kooktijd is afhankelijk van de dikte van de asperges. Verwijder de asperges met een tang. Laat uitlekken op keukenpapier en droog.

3. Breng ongeveer 2,5 cm water aan de kook in de onderste helft van een pan of waterkoker. Doe de eierdooiers, de wijn en het zout in een dubbele boiler of in een hittebestendige container die goed in de pan past zonder het water aan te raken.

Vier. Klop het eimengsel tot het gemengd is en plaats de pan of kom dan op het kokende water. Klop met een elektrische mixer of een garde tot het mengsel bleek is en een gladde vorm behoudt als de kloppers worden opgetild, ca. 5 minuten. Klop de boter tot gecombineerd.

5. Giet de hete saus over de asperges en serveer onmiddellijk.

Asperges met Taleggio en pijnboompitten

Asperges met Taleggio en Pinoli

Voor 6 tot 8 porties

Niet ver van Peck's, de beroemde gastronomie (winkel voor fijnproevers) van Milaan, ligt Trattoria Milanese. Het is een geweldige plek om eenvoudige, klassieke Lombardische gerechten te proberen, zoals deze asperges gegarneerd met taleggio, een smaakvolle, boterachtige, halfzachte koemelkkaas die lokaal wordt gemaakt en een van de beste kazen in Italië is. Fontina of Bel Paese kunnen worden gewisseld als Taleggio niet beschikbaar is.

2 kilo asperges

zout

2 eetlepels ongezouten boter, gesmolten

150 gram taleggio, Fontina Valle d'Aosta of Bel Paese, in kleine stukjes gesneden

1/4 kopje gehakte pijnboompitten of gesneden amandelen

1 lepel paneermeel

1. Plaats een rooster in het midden van de oven. Verwarm de oven voor op 450 ° F. Vet een ovenschaal van 13 x 9 x 2 inch in.

ontdooien. Snijd het onderste deel van de asperges af op de plek waar de stengel verkleurt van wit naar groen. Om asperges te schillen, begint u onder de punt en verwijdert u met een roterende dunschiller de donkergroene schil tot aan de punt van de stengel.

3. Breng ongeveer 2 centimeter water aan de kook in een grote pan. Asperges en zout naar smaak toevoegen. Kook tot de asperges lichtjes buigen wanneer ze van de steel worden gehaald, 4 tot 8 minuten. De kooktijd is afhankelijk van de dikte van de asperges. Verwijder de asperges met een tang. Laat ze uitlekken op keukenpapier en droog ze.

Vier. Leg de asperges op de bakplaat. Besprenkel met boter. Verdeel de kaas over de asperges. Bestrooi met noten en paneermeel.

5. Bak tot de kaas smelt en de noten goudbruin zijn, ongeveer 15 minuten. Het wordt warm geserveerd.

asperges timbaal

Asperges verkruimelen

Maakt 6 porties

Zijdezachte custards als deze zijn een ouderwets gerecht, maar blijven populair in veel Italiaanse restaurants, vooral omdat ze heerlijk zijn. Bijna elke groente kan op deze manier worden gemaakt, en deze kleine lijstjes zijn ideaal voor een vegetarisch bijgerecht, voorgerecht of hoofdgerecht. Sformatini, letterlijk "ongevormde dingen", kan puur worden geserveerd, overgoten met tomatensaus of kaas, of omgeven door groenten gebakken in boter.

1 kopje Bechamelsaus

1½ kg gehakte asperges

3 grote eieren

¼ kopje geraspte Parmigiano-Reggiano

Zout en versgemalen zwarte peper

1. Bereid eventueel bechamelsaus voor. Breng ongeveer 2 centimeter water aan de kook in een grote pan. Asperges en zout naar smaak toevoegen. Kook tot de asperges lichtjes buigen wanneer ze van de steel worden gehaald, 4 tot 8 minuten. De kooktijd is afhankelijk van de dikte van de asperges. Verwijder de asperges met een tang. Laat ze uitlekken op keukenpapier en droog ze. Knip en reserveer 6 uiteinden.

ontdooien. Doe de asperges in een keukenmachine en pulseer tot ze zacht zijn. Meng het ei, de bechamelsaus, de kaas, 1 theelepel zout en peper naar smaak.

3. Plaats een rooster in het midden van de oven. Verwarm de oven voor op 350 ° F. Vet zes custardbekers of 6-ounce schaaltjes royaal in. Giet het aspergemengsel in de kopjes. Plaats de kopjes in een grote pan en giet kokend water in de pan, zodat het halverwege de zijkanten van de kopjes komt.

Vier. Bak gedurende 50 tot 60 minuten of totdat een mes dat in het midden wordt gestoken er schoon uitkomt. Haal de schaaltjes uit de pan en ga met een klein mes langs de rand. Draai de schaaltjes op serveerschalen. Garneer met de achtergehouden aspergetips en serveer warm.

Bonen in landelijke stijl

Alla Paesana-bonen

Maakt ongeveer 6 kopjes bonen, voor 10 tot 12 porties

Dit is een basiskookmethode voor alle soorten bonen. Doorweekte bonen kunnen gisten als ze op kamertemperatuur worden bewaard, dus ik bewaar ze in de koelkast. Eenmaal gekookt, serveer zoals het is met een scheutje extra vergine olijfolie, of voeg het toe aan soepen of salades.

1 pond bosbessen, cannellini of andere gedroogde bonen

1 wortel, in plakjes gesneden

1 stengel bleekselderij met bladeren

1 ui

2 teentjes knoflook

2 eetlepels olijfolie

zout

1.Was de bonen en verzamel ze om gebroken bonen of kleine steentjes te verwijderen.

ontdooien. Plaats de bonen in een grote kom met koud water, zodat ze 5 cm onder water staan. Zet 4 uur tot een nacht in de koelkast.

3.Giet de bonen af en doe ze in een grote pan met koud water, zodat ze 2,5 cm onder water staan. Breng het water op middelhoog vuur aan de kook. Zet het vuur laag en verwijder eventueel schuim dat naar boven stijgt. Als het schuim niet meer stijgt, voeg je de groenten en de olijfolie toe.

Vier. Dek de pan af en kook gedurende 1 ½ tot 2 uur, voeg indien nodig meer water toe, tot de bonen heel zacht en romig zijn. Voeg zout naar smaak toe en laat ongeveer 10 minuten staan. Gooi de groenten weg. Serveer warm of op kamertemperatuur.

Toscaanse bonen

gestoofde bonen

Maakt 6 porties

De Toscanen zijn de meesters van de bonenkeuken. Kook gedroogde groenten met kruiden in een nauwelijks borrelende vloeistof. Langdurig en langzaam koken levert zachte, romige bonen op die tijdens het koken hun vorm behouden.

Proef altijd meerdere bonen om te zien of ze gaar zijn, aangezien ze niet allemaal tegelijkertijd gaar zijn. Ik liet de bonen na het koken even op het vuur staan om er zeker van te zijn dat ze gaar waren. Ze zijn lekker als ze warm zijn en kunnen perfect worden opgewarmd.

Bonen zijn heerlijk als bijgerecht of in soepen, of probeer ze op warm geroosterd Italiaans brood ingesmeerd met knoflook en besprenkeld met olijfolie.

8 ons gedroogde cannelloni, veenbessen of andere bonen

1 groot teentje knoflook, licht gehakt

6 verse salieblaadjes of een klein takje rozemarijn of 3 takjes verse tijm

zout

Extra vergine olijfolie

vers gemalen zwarte peper

1. Was de bonen en verzamel ze om gebroken bonen of kleine steentjes te verwijderen. Plaats de bonen in een grote kom met koud water, zodat ze 5 cm onder water staan. Zet 4 uur tot een nacht in de koelkast.

ontdooien. Verwarm de oven voor op 300 ° F. Giet de bonen af en plaats ze in een Nederlandse oven of een andere diepe, zware pan met een goed sluitend deksel. Voeg vers water toe tot een dekking van 1 inch. Voeg de knoflook en salie toe. Laat het op laag vuur koken.

3. Bedek de ovenschaal en plaats deze op het middelste rek van de oven. Kook tot de bonen heel zacht zijn, ongeveer 1 uur en 15 minuten of langer, afhankelijk van het type en de leeftijd van de bonen. Controleer af en toe of er meer water nodig is

om de bonen onder water te houden. Voor sommige bonen is mogelijk een extra kooktijd van 30 minuten nodig.

Vier. Probeer de bonen. Als ze helemaal zacht zijn, voeg dan zout naar smaak toe. Laat de bonen 10 minuten rusten. Het wordt warm geserveerd met een scheutje olijfolie en een snufje zwarte peper.

bonensalade

fagioli-salade

Maakt 4 porties

Door de bonen op smaak te brengen terwijl ze nog heet zijn, kunnen ze de smaken absorberen.

2 eetlepels extra vergine olijfolie

2 eetlepels vers citroensap

Zout en versgemalen zwarte peper

2 kopjes warme of ingeblikte bonen, zoals cannellini of cranberry

1 in blokjes gesneden gele paprika

1 kop kerstomaatjes, in tweeën of in vieren gesneden

2 groene uien, in stukjes van 1/2 inch gesneden

1 bosje rucola, fijngehakt

1. Meng in een middelgrote kom de olijfolie, het citroensap en zout en peper naar smaak. Giet de bonen af en voeg ze toe aan de saus. Goed mengen. Laat 30 minuten staan.

ontdooien. Voeg de paprika, tomaat en ui toe en roer. Proef en pas de smaak aan.

3. Doe de rucola in een kom en garneer met de salade. Serveer onmiddellijk.

bonen en kool

Bonen en Cavolo

Maakt 6 porties

Serveer als voorgerecht in plaats van pasta of soep, of als bijgerecht bij gebraden varkensvlees of kip.

2 ons pancetta (4 dikke plakjes), in reepjes van 1/2 inch gesneden

2 eetlepels olijfolie

1 kleine ui, gehakt

2 grote teentjes knoflook

1/4 theelepel gemalen rode peper

4 kopjes gehakte kool

1 kopje gehakte verse of ingeblikte tomaten

zout

3 kopjes cannellinibonen of gekookte of ingeblikte bosbessen, uitgelekt

1.Kook de pancetta in olijfolie in een grote pan gedurende 5 minuten. Voeg de ui, knoflook en peper toe en kook tot de ui zacht is, ongeveer 10 minuten.

ontdooien. Voeg de kool, tomaat en zout naar smaak toe. Zet het vuur laag en dek de pan af. Kook gedurende 20 minuten of tot de kool zacht is. Voeg de bonen toe en kook nog 5 minuten. Het wordt warm geserveerd.

Bonen in tomaten- en saliesaus

Fagioli all'Uccellto

Maakt 8 porties

Deze Toscaanse bonen worden op dezelfde manier gekookt als wildvogels met salie en tomaten, vandaar hun Italiaanse naam.

1 kg gedroogde cannellini of Great Northern bonen, gewassen en uitgelekt

zout

2 takjes verse salie

3 grote teentjes knoflock

1 1/4 kop olijfolie

3 grote tomaten, zonder vel, zonder zaadjes en fijngehakt, of 2 kopjes tomaten uit blik

1. Plaats de bonen in een grote kom met koud water, zodat ze 5 cm onder water staan. Plaats ze in de koelkast om gedurende 4 uur of een nacht te macereren.

ontdooien. Giet de bonen af en doe ze in een grote pan met koud water, zodat ze 2,5 cm onder water staan. Breng de vloeistof aan de kook. Dek af en kook tot de bonen gaar zijn, 1½ tot 2 uur. Voeg zout naar smaak toe en laat 10 minuten staan.

3.Kook de salie en knoflook in olijfolie op middelhoog vuur in een grote pan en plet de knoflook met de achterkant van een lepel tot de knoflook goudbruin is, ongeveer 5 minuten. Voeg de tomaten toe.

Vier. Giet de bonen af, bewaar het vocht. Voeg de bonen toe aan de saus. Kook gedurende 10 minuten en voeg een beetje van de bewaarde vloeistof toe als de bonen uitdrogen. Serveer warm of op kamertemperatuur.

kikkererwten ovenschotel

Cecil in Zimino

Voor 4 tot 6 porties

Deze stevige stoofpot is op zichzelf al lekker, maar je kunt ook wat gekookte noedels of rijst en water of bouillon toevoegen om er een soep van te maken.

1 middelgrote ui, gehakt

1 teentje knoflook, fijngehakt

4 eetlepels olijfolie

1 kilo smogo of spinazie, gesneden en gehakt

Zout en versgemalen zwarte peper

3 1/2 kopjes gekookte of ingeblikte kikkererwten, uitgelekt

Extra vergine olijfolie

1. Fruit de ui en knoflook in een middelgrote pan in olijfolie op middelhoog vuur in 10 minuten goudbruin. Voeg smog en zout naar smaak toe. Dek af en kook gedurende 15 minuten.

ontdooien. Voeg de kikkererwten toe met een beetje kookvocht of water en zout en peper naar smaak. Dek af en kook nog eens 30 minuten. Roer af en toe en plet een deel van de kikkererwten met de achterkant van een lepel. Voeg een beetje vloeistof toe als het mengsel te droog is.

3.Laat het een beetje afkoelen voordat je het serveert. Besprenkel eventueel met een beetje extra vergine olijfolie.

Bonen met bittere groenten

Favoriet en Witlof

Voor 4 tot 6 porties

Gedroogde bonen hebben een aardse en licht bittere smaak. Let bij aanschaf op de geschilde variant. Ze zijn iets duurder, maar ze zijn het waard om eelt te voorkomen. Ze koken ook sneller dan gepelde bonen. Je kunt gedroogde, gepelde bonen vinden op markten voor etnische en speciale natuurvoeding.

Dit recept komt uit Puglia, waar het praktisch het nationale gerecht is. Elk type bittergroen kan worden gebruikt, zoals radicchio, broccoli rabe, raap of paardenbloemgroen. Ik voeg graag een snufje gemalen rode peper toe aan de groenten terwijl ze koken, maar het is niet traditioneel.

8 ons gedroogde bonen, geschild, gespoeld en uitgelekt

1 middelgrote gekookte aardappel, geschild en in stukken van 1 inch gesneden

zout

1 kg gehakte radicchio- of paardenbloembladeren

¹1/4 kop extra vergine olijfolie

1 teentje knoflook, fijngehakt

rode peper vermalen tot poeder

1.Doe de bonen en aardappelen in een grote pan. Voeg koud water toe tot een halve inch. Breng aan de kook en kook tot de bonen heel zacht zijn en uit elkaar vallen en al het water is opgenomen.

ontdooien. Voeg zout naar smaak toe. Pureer de bonen met de achterkant van een lepel of een aardappelstamper. Voeg de olie toe.

3.Breng een grote pan water aan de kook. Voeg de groenten en zout naar smaak toe. Kook tot ze gaar zijn, afhankelijk van de variëteit aan groenten, 5 tot 10 minuten. Droog goed.

Vier. Droog de pan. Voeg de olie, knoflook en gemalen rode peper toe. Kook op middelhoog vuur tot de knoflook goudbruin is, ongeveer 2 minuten. Voeg de uitgelekte groenten en zout naar smaak toe. Goed schudden.

5. Verdeel de puree in een serveerschaal. Leg de groenten erop. Besprenkel indien gewenst met meer olijfolie. Serveer warm of warm.

Verse bonen, Romeinse stijl

Favoriet alla Romana

Maakt 4 porties

Verse bonen in de peulen zijn een belangrijke lentegroente in Midden- en Zuid-Italië. Roemenen schillen ze graag en eten ze rauw als bijgerecht bij jonge pecorino. Bonen worden ook gekookt met andere lentegroenten zoals erwten en artisjokken.

Als de bonen erg jong en zacht zijn, is het niet nodig om de dunne schil die elke pit bedekt te pellen. Probeer er een met de schil op te eten en een zonder, om te bepalen hoe zacht ze zijn.

De smaak en textuur van verse bonen zijn totaal anders dan die van gedroogde bonen, dus vervang ze niet door elkaar. Als je geen verse bonen kunt vinden, zoek dan naar bevroren bonen die op veel Italiaanse en Midden-Oosterse markten worden verkocht. Verse of bevroren limabonen doen het ook goed in dit gerecht.

1 kleine ui, fijngehakt

4 ons pancetta, in blokjes

2 eetlepels olijfolie

4 pond verse limabonen, gepeld (ongeveer 3 kopjes)

Zout en versgemalen zwarte peper

1 1/4 kopje water

1. In een middelgrote koekenpan bak je de ui en pancetta in olijfolie op middelhoog vuur gedurende 10 minuten of tot ze goudbruin zijn.

ontdooien. Voeg bonen en zout en peper naar smaak toe. Voeg water toe en zet het vuur lager. Dek de pan af en kook gedurende 5 minuten of tot de bonen bijna gaar zijn.

3. Haal het deksel van de pan tevoorschijn en kook tot de bonen en pancetta lichtbruin zijn, ongeveer 5 minuten. Het wordt warm geserveerd.

Verse bonen, Umbrische stijl

Steiger

Maakt 6 porties

De bonenpeulen moeten stevig en knapperig zijn, niet verschrompeld of papperig, wat erop wijst dat ze te oud zijn. Hoe kleiner de peul, hoe zachter de boon. Figuur 1 pond verse bonen per 1 kopje geblancheerde bonen.

2 1/2 pond verse, gepelde limabonen of 2 kopjes bevroren limabonen

1 pond snijbiet, bijgesneden en in reepjes van 1/2 inch gesneden

1 gesnipperde ui

1 middelgrote wortel, gehakt

1 rib gesneden bleekselderij

1 1/4 kop olijfolie

1 theelepel zout

vers gemalen zwarte peper

1 middelrijpe tomaat, zonder vel, ontpit en fijngehakt

1.Combineer alle ingrediënten behalve tomaten in een middelgrote pan. Dek af en kook, af en toe roerend, gedurende 15 minuten of tot de bonen gaar zijn. Voeg een beetje water toe als de groenten beginnen te plakken.

ontdooien. Voeg de tomaat toe en kook 5 minuten. Het wordt warm geserveerd.

Broccoli met olie en citroen

Agrobroccoli

Maakt 6 porties

Dit is de basismanier om veel soorten gekookte groenten te serveren in Zuid-Italië. Ze worden altijd op kamertemperatuur geserveerd.

1½ kilo broccoli

zout

1 1/4 kop extra vergine olijfolie

1 tot 2 eetlepels vers citroensap

Citroenschijfjes, om te versieren

1. Snijd de broccoli in grote roosjes. Snijd de uiteinden van de stengels af. Verwijder de harde schillen met een roterende dunschiller. Snijd de dikke stengels kruiselings in plakjes van 1/4 inch.

ontdooien. Breng een grote pan water aan de kook. Broccoli en zout naar smaak toevoegen. Kook tot de broccoli gaar is, 5 tot 7 minuten. Giet af en laat zachtjes afkoelen in koud water.

3.Besprenkel de broccoli met olijfolie en citroensap. Versier met schijfjes citroen. Het wordt geserveerd op kamertemperatuur.

Parma-stijl broccoli

Broccoli parmigiana

Maakt 4 porties

Voor de afwisseling kun je dit gerecht maken met een combinatie van bloemkool en broccoli.

1½ kilo broccoli

zout

3 eetlepels ongezouten boter

vers gemalen zwarte peper

1/ kopje geraspte Parmigiano-Reggiano

1. Snijd de broccoli in grote roosjes. Snijd de uiteinden van de stengels af. Verwijder de harde schillen met een roterende dunschiller. Snijd de dikke stengels kruiselings in plakjes van 1/4 inch.

ontdooien. Breng een grote pan water aan de kook. Broccoli en zout naar smaak toevoegen. Kook tot de broccoli gedeeltelijk gaar is, ongeveer 5 minuten. Giet af en koel af met koud water.

3. Plaats een rooster in het midden van de oven. Verwarm de oven voor op 375 ° F. Vet een pan in die groot genoeg is voor de broccoli.

Vier. Leg de spiesjes op de voorbereide schaal en laat ze een beetje overlappend liggen. Besprenkel met boter en bestrooi met peper. Strooi kaas erover.

5. Bak gedurende 10 minuten of tot de kaas gesmolten en lichtbruin is. Het wordt warm geserveerd.

Broccoli rabe met knoflook en peper

Cime di zeeduivel met Peperoncino

Maakt 4 porties

Veel beter dan dit recept wordt het niet als het gaat om het genieten van broccoli rabe. Dit gerecht kan ook gemaakt worden met broccoli of bloemkool. Sommige versies bevatten wat ansjovis gebakken in knoflook en olie, of probeer een handvol olijven toe te voegen voor een hartige smaak. Dit is ook een goede topping voor gebak.

1½ pond broccoli rabe

zout

3 eetlepels olijfolie

2 grote teentjes knoflook, in dunne plakjes gesneden

rode peper vermalen tot poeder

1. Verdeel de broccoli rabe in roosjes. Snijd de basis van de stelen af. Het pellen van de stelen is optioneel. Snij elke bloem kruislings in 2 of 3 stukken.

ontdooien. Breng een grote pan water aan de kook. Voeg broccoli rabe en zout naar smaak toe. Kook tot de broccoli bijna gaar is, ongeveer 5 minuten. Droogleggen.

3. Droog de pan en voeg olie, knoflook en rode peper toe. Kook op middelhoog vuur tot de knoflook lichtbruin is, ongeveer 2 minuten. Voeg de broccoli en een snufje zout toe. Goed mengen. Dek af en kook tot ze gaar zijn, nog 3 minuten. Serveer warm of op kamertemperatuur.

Broccoli met ham

gekookte broccoli

Maakt 4 porties

De broccoli in dit recept wordt gaar genoeg gekookt om met een vork te pureren. Serveer als bijgerecht of verspreid op geroosterd Italiaans brood voor crostini.

1½ kilo broccoli

zout

1 1/4 kop olijfolie

1 middelgrote ui, gehakt

1 teentje knoflook, fijngehakt

4 dunne plakjes geïmporteerde Italiaanse ham, kruislings in dunne reepjes gesneden

1. Snijd de broccoli in grote roosjes. Snijd de uiteinden van de stengels af. Verwijder de harde schillen met een roterende

dunschiller. Snijd de dikke stengels kruiselings in plakjes van 1/4 inch.

ontdooien. Breng een grote pan water aan de kook. Broccoli en zout naar smaak toevoegen. Kook tot de broccoli gedeeltelijk gaar is, ongeveer 5 minuten. Giet af en koel af met koud water.

3.Droog de pan en voeg de olie, ui en knoflook toe. Kook op middelhoog vuur tot ze goudbruin zijn, ongeveer 10 minuten. Broccoli toevoegen. Dek af en zet het vuur laag. Kook tot de broccoli gaar is, ongeveer 15 minuten.

Vier. Pureer de broccoli met een aardappelstamper of vork. Voeg de ham toe. Breng op smaak met zout en peper. Het wordt warm geserveerd.

Broccoli Rabe Broodhapjes

Morsi met Cime di Rape

Maakt 4 porties

Een soep kan een dikke soep zijn, gemaakt met pasta of rijst, of een stevig groentegerecht, zoals deze uit Puglia, inclusief blokjes brood. Hoewel waarschijnlijk uitgevonden door een huisvrouw met broodresten en te veel monden om te vullen, is het lekker genoeg als aperitiefhapje of als bijgerecht bij ribben of karbonades.

1½ pond broccoli rabe

3 teentjes knoflook, in dunne plakjes gesneden

rode peper vermalen tot poeder

⅓ kopje olijfolie

4 tot 6 sneetjes (1/2 inch dik) Italiaans of stokbrood, in hapklare stukjes gesneden

1. Verdeel de broccoli rabe in roosjes. Snijd de basis van de stelen af. Het pellen van de stelen is optioneel. Snijd elke bloem kruislings in stukjes van 1 inch.

ontdooien. Breng een grote pan water aan de kook. Voeg broccoli rabe en zout naar smaak toe. Kook tot de broccoli bijna gaar is, ongeveer 5 minuten. Droogleggen.

3. Fruit in een grote pan de knoflook en de rode paprika 1 minuut in olijfolie. Voeg de broodblokjes toe en kook, onder regelmatig roeren, tot het brood licht geroosterd is, ongeveer 3 minuten.

Vier. Voeg de broccoli rabe en een snufje zout toe. Kook al roerend nog 5 minuten. Het wordt warm geserveerd.

Broccoli rabe met spek en tomaat

Cime di Rape al Pomodori

Maakt 4 porties

In dit recept vullen de vlezige smaken van pancetta, ui en tomaat de gedurfde smaak van broccoli rabe aan. Dit is weer een van die gerechten die goed samengaat met warme pasta.

1½ pond broccoli rabe

zout

2 eetlepels olijfolie

2 dikke plakjes spek, in stukjes gesneden

1 middelgrote ui, gehakt

rode peper vermalen tot poeder

1 kop gehakte tomaten uit blik

2 eetlepels droge witte wijn of water

1.Verdeel de broccoli rabe in roosjes. Snijd de basis van de stelen af. Het pellen van de stelen is optioneel. Snijd elke bloem kruislings in stukjes van 1 inch.

ontdooien. Breng een grote pan water aan de kook. Voeg broccoli rabe en zout naar smaak toe. Kook tot de broccoli bijna gaar is, ongeveer 5 minuten. Droogleggen.

3.Giet de olie in een grote pan. Voeg de pancetta, ui en rode paprika toe en kook op middelhoog vuur tot de ui glazig is, ongeveer 5 minuten. Voeg de tomaten, de wijn en een snufje zout toe. Kook nog eens 10 minuten of tot het ingedikt is.

Vier. Voeg de broccoli rabe toe en kook tot hij warm is, ongeveer 2 minuten. Het wordt warm geserveerd.

Kleine groentekoekjes

Frittelle di Erbe di Campo

Maakt 8 porties

Op Sicilië worden deze kleine groentepannenkoekjes gemaakt met bittere wilde groenten. Je kunt broccoli rabe, mosterdgroen, bernagie of radicchio gebruiken. Deze kleine taartjes worden traditioneel tijdens Pasen gegeten als voorgerecht of bijgerecht. Ze zijn warm of op kamertemperatuur.

1½ pond broccoli rabe

zout

4 grote eieren

2 eetlepels geraspte caciocavallo of pecorino Romano

Zout en versgemalen zwarte peper

2 eetlepels olijfolie

1. Verdeel de broccoli rabe in roosjes. Snijd de basis van de stelen af. Het pellen van de stelen is optioneel. Snijd elke bloem kruislings in stukjes van 1 inch.

ontdooien. Breng een grote pan water aan de kook. Voeg broccoli rabe en zout naar smaak toe. Kook tot de broccoli bijna gaar is, ongeveer 5 minuten. Droogleggen. Laat het een beetje afkoelen en knijp dan het water eruit. Snijd de broccoli rabe.

3. Klop in een grote kom de eieren, kaas en zout en peper naar smaak. Voeg de groenten toe.

Vier. Verhit de olie in een grote pan op middelhoog vuur. Schep een lepel van het mengsel uit de pan en doe dit in de pan. Druk het mengsel met een lepel plat tot een kleine pannenkoek. Herhaal met het resterende mengsel. Bak de ene kant van de koekjes tot ze lichtbruin zijn, ongeveer 2 minuten, draai ze dan om met een spatel en bak de andere kant tot ze lichtbruin en gaar zijn. Serveer warm of op kamertemperatuur.

gebakken bloemkool

bloemkool frietjes

Maakt 4 porties

Probeer de op deze manier bereide bloemkool eens te serveren aan iemand die deze veelzijdige groente normaal gesproken niet lekker vindt, en je zult zeker bekeerd zijn. Het knapperige kaaslaagje vormt een fantastisch contrast met de malse bloemkool. Deze kunnen worden doorgegeven als feesthapjes of dienen als bijgerecht voor gegrilde ribben. Voor de beste consistentie, serveer onmiddellijk na het koken.

1 kleine bloemkool (ongeveer 1 kilo)

zout

1 kopje droog broodkruimels

3 grote eieren

1/ kopje geraspte Parmigiano-Reggiano

vers gemalen zwarte peper

Plantaardige olie

schijfjes citroen

1. Snijd de bloemkool in roosjes van 2 inch. Snijd de uiteinden van de stengels af. Snijd de dikke stengels kruiselings in plakjes van 1/4 inch.

ontdooien. Breng een grote pan water aan de kook. Voeg de bloemkool en zout naar smaak toe. Kook tot de bloemkool bijna gaar is, ongeveer 5 minuten. Giet af en koel af met koud water.

3. Doe het broodkruim in een ondiepe kom. Klop in een kleine kom de eieren, kaas en zout en peper naar smaak. Doop de stukjes bloemkool in het ei en rol ze door het paneermeel. Laat 15 minuten drogen op een rooster.

Vier. Giet de olie in een grote, diepe koekenpan tot een diepte van 1/2 inch. Verhit op middelhoog vuur tot een deel van het eimengsel in de pan sist en snel kookt. Bekleed ondertussen een bakplaat met keukenpapier.

5. Doe net genoeg stukjes bloemkool in de pan zodat ze er comfortabel in passen, zonder elkaar aan te raken. Bak de

stukken, draai ze met een tang, tot ze goudbruin en knapperig zijn, ongeveer 6 minuten. Laat de bloemkool uitlekken op keukenpapier. Herhaal met de resterende bloemkool.

6.Serveer de bloemkool warm met partjes citroen.

bloemkoolpuree

cavolfiore-puree

Maakt 4 porties

Hoewel vergelijkbaar met gewone aardappelpuree, is deze bloemkoolpuree veel lichter en smaakvoller. Het is een leuke afwisseling met aardappelpuree en kan bijvoorbeeld zelfs geserveerd worden bij een stevige stoofpotGestoofde kalfsbout.

1 kleine bloemkool (ongeveer 1 kilo)

3 middelgrote aardappelen, gekookt, geschild en in vieren gesneden

zout

1 eetlepel ongezouten boter

2 eetlepels geraspte Parmigiano-Reggiano

vers gemalen zwarte peper

1. Snijd de bloemkool in roosjes van 2 inch. Snijd de uiteinden van de stengels af. Snijd de dikke stengels kruiselings in plakjes van 1/4 inch.

ontdooien. Meng de aardappelen in een pan die groot genoeg is voor alle groenten met 3 liter koud water en zout naar smaak. Breng aan de kook en kook gedurende 5 minuten.

3. Voeg de bloemkool toe en kook tot de groenten heel zacht zijn, ongeveer 10 minuten. Giet de bloemkool en aardappelen af. Meng tot een gladde massa met een elektrische of handmixer. Klop niet te veel, anders blijven de aardappelen plakken.

Vier. Voeg boter, kaas, zout en peper naar smaak toe. Het wordt warm geserveerd.

gebakken bloemkool

Cavolfiore al Oven

Voor 4 tot 6 porties

Bloemkool gaat van mals naar heerlijk wanneer hij wordt geroosterd tot hij lichtbruin is. Meng voor de verandering gekookte bloemkool met een beetje balsamicoazijn.

1 middelgrote bloemkool (ongeveer 1 1/2 pond)

1 1/4 kop olijfolie

Zout en versgemalen zwarte peper

1. Snijd de bloemkool in roosjes van 2 inch. Snijd de uiteinden van de stengels af. Snijd de dikke stengels kruiselings in plakjes van 1/4 inch.

ontdooien. Plaats een rooster in het midden van de oven. Verwarm de oven voor op 350 ° F. Verdeel de bloemkool op een bakplaat die groot genoeg is om hem in één laag te houden. Meng met olijfolie en een flinke snuf peper en zout.

3.Rooster, af en toe roerend, gedurende 45 minuten of tot de bloemkool gaar en lichtbruin is. Het wordt warm geserveerd.

www.ingramcontent.com/pod-product-compliance
Lightning Source LLC
Chambersburg PA
CBHW050157130526
44591CB00034B/1296